ASAHI SENSHO
朝日選書
954

落語に花咲く仏教
宗教と芸能は共振する

釈 徹宗

朝日新聞出版

目次

落語に花咲く仏教

宗教と芸能は共振する

釈 徹宗

はじめに

次に挙げているのは、『阿育王経《あいくおうきょう》』に出てくる「樹の因縁」という話である。

南インドに一人の出家者がいた。自己中心的な人で、僧侶なのに着飾ったり、美食にふけったりするので、一向に悟れなかった。彼はなんとか悟りを得たいと考えた。ある国に立派な尊者がいると聞いて、教えを受けに行った。尊者は会ってすぐに、この出家者が抱えている問題点を見破った。そして、「私の言う通りにするなら、教えを説こう」と言う。出家者は「はい、従います」と応えた。

「では、この大樹に登れ」。樹はとても高く、樹の下には大きな穴がある。出家者は言われる通りに登り、両手両足で枝につかまった。すると、尊者は「右足を離せ」と声をかける。出家者は右足を離した。次は「左足を離せ」と言う。出家者は左足を離す。次に右手を離せと言う。右手を離す。

そしてついに、尊者は「左手も離せ！」と叫ぶ。「死んでしまいます」と出家者は返事をするのだが、尊者は「お前は言う通りにすると言ったではないか」と言い放つ。絶体絶命。出家者は、もう我が身を捨てて、手を離す……。

しかし、実は大樹も穴も、幻であったため、彼は助かる。そこであらためて尊者は仏法を説き、この出家者は悟りを開くのであった。

（意訳『阿育王経』『国訳一切経』史伝部六）

ここには宗教における「信」の内実が巧みに表現されている。信心・信仰というものは、この出家者のように、どこかで我が身心を投げ出さねばならない場面がある。ある地点までは修練や学習で歩みを進めることができるものの、そこから先はどうしても到達できない領域があるのだ。宗教はそういう特性をもつ。そのとき、信に生きる者は思い切ってジャンプするのである。親鸞《しんらん》の「横《おう》超《ちょう》」や、キェルケゴールの「飛躍」も、同様の事態を語ったものであろう。

「樹の因縁」のような話は、実際に説法などで使われた素材に違いない。このような仏教説話は、当時の仏教者たちによる説法が仏典へと反映された結果であろう。そのような仏典は少なくない。たとえば、本文でも取り上げているが、『百喩経《ひゃくゆきょう》』などは説法集といった内容になっている。

ところで、落語好きの読者なら、この話を読んである演目を連想するに違いない。それは「始末の極意」というネタである。「始末の極意」は、次のような噺《はなし》である。

ケチの達人である男が、友人から「ケチの極意」を教えてくれと頼まれる。

するとと達人は、友人を高い樹に登らせる。友人は両手で樹の枝にぶらさがる。達人は「左手を離せ」と叫ぶ。友人は言われる通りに左手を離す。次に達人は「右手の小指を離せ」と言う。友人は、小指、薬指、中指と順々に離すように言われ、その通りにする。友人は人差し指と親指で枝につかまっている状態になる。

ついに達人は「人差し指を離せ」と言い放つ。友人は「これだけは離せない」と訴える。達人はそれを聞いて「そうだろう」と人差し指と親指で丸をつくって見せ（つまりお金のサイン）、「これを離さんのが始末の極意だ」。（参考：東大落語会編『増補　落語事典』、筆者によるまとめ）

『落語事典』によれば、「始末の極意」の原話は天保八年（一八三七）江戸板『落噺《おとしばなし》仕立おろし』に載っている「しわんぼうになる伝」となっている。しかし、元をたどればおそらく『阿育王経』の「樹の因縁」だと思われる。またこの説話の原型は仏典成立以前から人口に膾炙《かいしゃ》していた可能性もある。そうなると、二千年以上にわたって語られ続けてきたものかもしれないのだ。それが仏教という回路を通ることで、現代日本の寄席《よせ》の高座《こうざ》で展開されているのだから、なんと気宇壮大な滑稽噺ではないか。

「樹の因縁」と「始末の極意」だけではない。仏教の話が落語のネタへと転用されている例はけっこうある。いやそもそも落語の源流には僧侶の説教がある。

本書は、落語の中に脈々と息づいている仏教の遺伝子を抽出し、日本仏教の説教と対比させることで、宗教と芸能とが交差している事態の魅力と豊かさを述べようとするものである。

まずは人類にとっての宗教と芸能という視点から話を始めようと思う。そして、いくつか宗教と芸能に関する注目ポイントを述べていきながら、〝説教と落語〟へと至る予定である。なにしろ、日本における仏教と伝統芸能との関係は落語だけではない。日本仏教の声明《しょうみょう》や説教は、さまざまな芸能の土壌となった。そして仏教の方も、さまざまな芸能の影響を受けた。古来、双方は、時には刺激を与え合い、時には批判し合い、時には協力し合って、洗練・成熟してきたのである。

芸能の中の宗教性

伝統芸能はなんらかの宗教性をもっている。少なくともその芸能の源流をたどれば、宗教儀礼や宗教思想と無縁であることはない。五来重《ごらいしげる》が指摘するように、芸能について考察する場合、芸能史や民俗学などのアプローチだけでは不十分である（『宗教民俗集成5　芸能の起源』）。宗教を通してその芸能の本領を見ていかねばならない。また、宗教性が枯れると、その芸能の生命力も低減する。逆に、宗教性を保持している芸能は、なかなか命脈が尽きない。能はその好例である。

私自身、伝統芸能の中に潜んでいる宗教性を読み取る時、なんとも言えない喜びを感じる。聖と俗を同時に表現する技法にしびれ、いかんともし難い人間の情動に胸が熱くなる。

芸能が発揮する宗教性はそれほど顕著ではない。微《かす》かなものである。もともと伝統芸能自体、現代人にとっては強い刺激にならない。しかし、微かな刺激や聖性をキャッチするため、こちらの受信アンテナの感度は鋭敏となる。普段張りめぐらせているバリアを解かねばならない。つまり伝統芸能の場に身をおくことは、宗教センスを研ぎ澄ますことでもあるのだ。

本書では、宗教と芸能との関係をたどりながら、双方が呼応する部分を浮かび上がらせていく。双方が呼応する部分にこそ、現代人の宗教性を成熟させる道があり、伝統芸能の生命線がある。だから、芸能の中に潜む宗教性を再確認していく。いくつかの演目を取り上げて考察する。単に宗教性が旺盛な演目に注目するのではなく、宗教権威を揺さぶったり揶揄《やゆ》したりする演目も取り上げる。そこにも芸能の特質があるからだ。そして私はその手の演目が好きなのだ。

宗教の中の芸能性

宗教と芸能がクロスする地点を探ることで、宗教を通して芸能を考察する。同時に、宗教が内包する芸能機能の重要性について見ていく。

神道のように芸能が体系内で重要な役割を果たす宗教もあれば、仏教のように芸能が体系の周辺に位置する宗教もある。本書は、仏教と語り芸能（特に落語）をテーマにしているが、声明と歌謡などにもふれようと思う。とにかく現代人の宗教性を考える上で、芸能やアートや音楽といった領域に目を向ける必要があるのだ。たとえば、劇作家の別役実は、絵画の技法である「近景」「中景」「遠景」の図式を使って、現代人のあり様を語っている（『馬に乗った丹下左膳』）。別役は、現代人は「中景」が薄くなっていると言う。自分を同心円の中心におけば、まず「近景」として家族や職場などがある。そして、国家や国際社会といったものは「遠景」に位置する。その中間には、地域・親類縁者など「中景」があるのだが、ここが痩せているという指摘だ。これを援用して現代人の宗教性を考えてみると、「近景」は自分や家族の問題、「中景」は地域の文化や行為様式、「遠景」は神仏や異界などの聖性といった感じだろうか。現代人は地域の文化や様式なしに、直接聖性へとアクセスしなければいけない状況におかれている。それが「現代人の宗教回帰[1]」の図式なのではないか。そんな気がする。現代人の宗教が情報化・消費財化しているのも、地域の文化や行為様式が痩せているところに要因がありそうだ。

近景や遠景に比べて、中景が痩せてしまうのはやはりバランスが悪い。中景も豊かで分厚い方がよい。しかし、ローカルな様式を復元することは至難である。だからこそ、文化・芸能・アートなのだ。これらが中景を分厚くしてくれる。

たとえば、サブカルは現代日本人の中景をかなり豊かにしている。若者はアニメやゲームなどを通じて宗教性と出会っている。それもよし。しかし、本書では落語をお勧めしているのである。

情報から物語へ

平成二十七年（二〇一五）に『死では終わらない物語について書こうと思う』（文藝春秋）という長いタイトルの本を出した。この著作では、情報と物語とを分けることで宗教を考察している。現代社会を生きる我々は情報を扱うスキルは発達しているが、物語に身をゆだねる能力が低下しているのではないか、といった論旨であった。

「新しいものが手に入れば、それまでのものは不要になる」といった性質のものと、「一度それと出会ってしまうと、もはや無視することはできなくなる」といった性質のものとを区別して、前者を情報と呼び、後者を物語と呼ぶことにした。たとえば健康法や健康食品などが次から次へと現れては消えていくが、どれほど追いかけ続けても老いや死の問題は解決しない。情報では救われないのだ。一方、物語は、それに出遇ってしまうと出遇う前に戻れないほどの力をもつ。子どもの頃、死後の世界や幽霊の話などを聞いてしまうと、もうそれを意識せざるを得なくなった。その晩からトイレが怖くなる。昨夜までは平気だったのに行くのがためらわれる。誰しもそんな経験をもっている。知らない時なら気にならなかったのに、一度それと出会ってしまった限りは意識せざるを得ない。それが物語である。時には「こんなことなら知らない方がよかった」と痛感することさえあるのだ。

古来、「仏法は邪魔になるまで聞け」という金言がある。仏法を聞けば聞くほど、自分自身の在り様が問われるため、以前は気にならなかったものが気になってくるのだ。ついには「仏教の教えに出遇わなければ、こんなことに悩まなかったのではないか」とまで思いつめるようになる。それはしっかりと仏道を歩んでいる証左なのだ。それだけ仏法は我々の存在そのものに肉迫してくるのである。もちろん「邪魔になる」はレトリックであり、それだけ力が強い物語であることを逆説的に表現している。消費されてしまうような情報では救われない。我々は自分のあり方が問われ、存在が揺さぶられるような物語に出遇うことで救われるのだ。そのため、我々は物語にチューニングしていく身心を成熟させていかねばならない。

人類史上最も強烈な物語をもっているのは宗教体系である。そしてその宗教体系にも揺さぶりをかけてくるのが芸能なのである。

なお、本書において、〝はなし〟という漢字に、「話」と「咄」と「噺」が出てくる。基本的に落語に関する部分は「咄」と「噺」を使っている。前者は広義の落語（たとえば「落とし咄」など）に用いており、後者は現在の落語の形態ができてから以降の場合に使っている。それ以外は「話」を使用している。ただ、うまく使い分けできなかった場合もある。

また、引用資料の書き下しや現代語訳については、訳者等を明記しているもの以外は筆者によるものである。

［注］

（1）**現代人の宗教回帰**　一九八四年、NHK放送世論調査所は『日本人の宗教意識』において、一九七三年あたりから（それまで宗教離れが顕著だった）現代人は宗教へと回帰し始めたと論じた。一方、一九七六年には、「病院死」の数が「在宅死」の数を上回る。七〇年代前半は現代日本社会において、家族や老病死の意味が大きな転換期を迎えた時期である。その後、一九九〇年代に世界各地で続発したカルト宗教事件によって、現代人は宗教から撤退した。しかし、二〇一〇年代あたりから再び宗教（特に伝統的宗教）へと目を向け始めたと言われている。

序　章

まず本書の構成を提示しておこう。

第一章では、宗教や芸能を生み出した人類の特性について考察している。人類の特性におけるどのような面が宗教や芸能を生み出してきたのか。宗教の原型とはどのようなものか。芸能はどのように発生したのか。これらの問題について大雑把な道筋を示している。雑駁《ざっぱく》であってもかまわないから、とにかくここから話を始めよう、そんな思いで第一章を書いた。見えないものの声を聞き、見えないものに共感して、見えないものを表現することで、宗教・科学・芸能・音楽・アートは展開してきた。これを生み出してきたのは、人類の共感能力であり、過剰なエネルギーであり、アナロジーの能力であった。

たとえば、人間以外の動物にも漠然とした死の認識はあるようだ。しかし、あくまで仲間の死を目の当たりにしての認識である。それを手がかりに自己の有限性や死そのものに思いをはせることはない。来世のイメージももたない。人間以外の生物は目に見える世界がすべてである。しかし、人間は目に見える世界を通して、見えない世界を感知するのである。そういった宗教も芸能も未分化な領域について言及するのが第一章の眼目だ。

第二章では、仏教の法会《ほうえ》・法要を成立させる要素について述べている。ここはけっこう重要なポイントである。正式な法会・法要は、「声明《しょうみょう》」(読経《どきょう》や表白《ひょうびゃく》など)と「説法」(講義・講釈・説教・法談・唱導《しょうどう》などとも呼ばれる)の二要素で構成されている。(1) 前者は日本芸能の〝歌いもの〟、後者は〝語りもの〟の土壌となってきた。中でも安居院《あぐい》流《りゅう》唱導は、日本仏教の説教と落語を結びつける接点である。

また、法会・法要における第三の要素とでも言うべき〝法要後の演芸会や食事会〟を見落としてはならない。これも日本芸能の母体なのだ。いずれにしても、宗教と芸能の両輪が回っていることの重要性を、人間学的に俯瞰《ふかん》してもらいたい。

第三章において、いよいよ説教と語り芸能とがクロスする世界へと足を踏み込む(第三章でやっと踏み込むのである、申し訳ない)。「絵解き」「説経節《せっきょうぶし》」「講談」「浪曲《ろうきょく》」とふれていく。いずれも日本仏教と共に考察している。ここまで読み進めてきた読者にとって、両者が呼応していることへの違和感はないはずだ。

第四章は、よく知られた策伝上人《さくでんしょうにん》(一五五四年—一六四二年)を取り上げている。やはり『醒睡笑《せいすいしょう》』は避けて通ることができない。元は日蓮宗の僧侶であった露《つゆ》の五郎兵衛《ごろべえ》、米沢彦八や鹿野武左《しかのぶざ》衛門《えもん》などが語った咄も文献で読んでいく。この章では、シンクロする場や語りがもつ共振力に言及した。その場にいる者たちが物語を共有し、イマジネーションがかみ合うことによって、宗教や芸能の場が創造される。ここのところは、古代から連綿と続いてきた人類の本性であろう。仏教の説教にしても、落語の語りにしても、他者と共振する、つながることによって場が成立することを読み取っていただきたい。

第五章において、日本仏教の特性である宗派仏教と、落語の演目との結びつきについて述べている。「松山鏡《まつやまかがみ》」「宗論《しゅうろん》」「後生鰻《ごしょううなぎ》」「弱法師《よろぼし》」に注目して、芸能の演目の背景にある宗教性を探る。また、比較宗教学的な視点から落語のネタを取り上げている。

ところで、おまけとして、巻末に「お座《ざ》参り」のシナリオを掲載した。すでに絶滅している落語のネタである。これを復活させたいのだが、速記本も音源も現存していない。そのため、断片的な情報を元に創作したものである。故・笑福亭松喬《しょうふくていしょきょう》師匠の思い出と共に、本書に載せることとした。

落語に花咲く日本仏教

市民宗教《シビル・レリジョン》という概念がある。宗教社会学者のロバート・N・ベラーやウィリアム・L・ウォーナーは、アメリカ人の大多数がキリスト教のプロテスタンティズム的な思考傾向や価値観や行動様式を共有していると分析した。それはクリスチャンという枠を超えて、日常生活に溶け込んでいるものなのである。つまり、伝統宗教の教えや様式が無自覚化・肌感覚化して、もはや宗教として意識されないレベルにまで拡散した状態、これを市民宗教と呼ぶ。

では、我々の市民宗教はどのような姿をしているのだろう。やはり仏教と神道が大きな領域を占めていると言わざるを得ない。

我々の身の回りを注意深く点検してみれば、さまざまなところで仏教が花咲いていることに気がつくはずだ。音楽や踊り、建築や生活様式、伝統芸能からサブカルにいたるまで、仏教の精神が潜んでいたり仏教テイストが加味されていたりする。つまり仏教の市民宗教化である。肌感覚となって、もはや宗教と意識されない部分もある。

さて、そこで落語である。落語は仏教の説話や説教と密接な関係にある。落語の成り立ちから展開に至るまで説教が大きく関与している。また落語の形態そのものも説教の色合いが濃い。ネタも各宗派を取り扱ったり、庶民の信仰をモチーフにしたりと、日本仏教の花が随所に咲いているのだ。〝語りの技法〟〝形態・様式〟〝根多《ねた》・内容〟、いずれも落語には仏教的要素が伏流している。たとえば、広く知られた落語のネタに「寿限無《じゅげむ》」がある。生まれた子どもの命名をお寺の和尚《おしょう》さんに頼んだら、いろいろとめでたい名前の例を挙げるので、それを全部つけてしまうという噺である。子どもに長い名前をつける笑い話は、説話や民話などにも出てくる。おそらく世界各地に見られる笑い話のパターンであろう。

「寿限無」は、サンスクリット語の「アミターユス」の意訳である。阿弥陀仏《あみだぶつ》のことだ。落語では「ジュゲム、ジュゲム、ゴコウのすりきれ……」と続くが、この「五劫のすり切れ」は、巨石が擦り切れるのを一劫と考える時間の単位からきている。法蔵菩薩《ほうぞうぼさつ》（阿弥陀仏が菩薩として修行している時の名前）は、すべての人が救われるためにどうすればよいかを五劫ものあいだ思惟《しい》し、修行したというのである。「寿限無」の長い名前の出だしは、まさに阿弥陀仏ストーリーを根拠としているのである。いわゆる前座噺《ぜんざばなし》などと称され、初級向きとされているネタであるが、子を思う親の気持ち、お寺に相談する地域性、「『無量寿経《むりょうじゅきょう》』というありがたいお経があって……」といった住職の説明など、市民宗教としての仏教の本領が発揮された噺なのである。

実はこの手の噺が海外の仏教界に衝撃を与えたこともある。京都生まれの講談師であった野口復堂（復堂自身は、教談家を名乗った。教育講談家のことである）は、明治中期にインドへ渡り、そこで「長名《ながな》」（上方《かみがた》噺。「寿限無」の古い形）を披露している。「長名」は、寺の和尚が命名を頼まれ、子どもの名前に『法華経《ほけきょう》』陀羅尼品《だらにぼん》の一節をつける噺である。長い名前（しかも梵語《ぼんご》の陀羅尼、アニ、マニ、マネ、ママネ……という部分）の子どもを取り巻くドタバタというパターンだ。

これを聞いたインドの梵語博士エン・プンヂット・バッシヤチャリヤ（かの比較宗教学者マックス・ミューラーの師匠だったらしい）は笑うどころか、感涙して復堂に握手を求めた。そして、「釈迦仏の教えははるか日本に届いていた。しかも落語家なる卑しき者すら『法華経』陀羅尼品を口にするとは。インドで廃《すた》れかかっている仏教は、日本ではこれほど広まっているのだ。なんとありがたいことではないか。美しきは日本国！」（意訳）と語ったのである。

この逸話に関してはインド哲学者の佐藤哲朗による『大アジア思想活劇――仏教が結んだ、もうひとつの近代史』に詳しいので、ぜひそちらを参照してほしい。

傑作「蒟蒻問答」

仏教がモチーフになった落語の演目は数あれど、その最高峰は「蒟蒻問答《こんにゃくもんどう》」であろう。落語の演目全体から見ても、最高水準の噺のひとつである。

「蒟蒻問答」は、二代目・林家正蔵の作と言われている。二代目の正蔵は元・曹洞宗の禅僧で、托《たく》善《ぜん》という僧名をもっていたらしい。「野ざらし」(たまたま見つけたしゃれこうべを供養《くよう》する男たちの噺)の原作もこの人とされる。「野ざらし」は、元々怪談であり、現在の内容よりもさらに仏教の因縁話的仕立てになっていたと思われる。噺というものは、多くの演者による工夫と上書きによって日々変化しているのである。「蒟蒻問答」も、長年にわたって肉づけ・改変が続けられてきた。

さて、今日語られている「蒟蒻問答」は次のような内容だ。

喰うに困った遊び人の八五郎、かつての兄貴分であり今は蒟蒻屋を営む六兵衛の世話により、ニセ僧侶としてお寺に入り込む。

寺男の権助とも気が合って、すっかり気楽に暮らすようになったまではよかったが、永平寺から来た旅の雲水《うんすい》・托善が訪ねて来て、禅問答を挑まれる。問答に負けると寺を出なければならないので、なんとか修行僧を追い返してもらえないかと、また兄貴分の蒟蒻屋に相談する。

蒟蒻屋の六兵衛は寺の住職に扮して、雲水を追い返そうとするが……。

この噺、関西では蒟蒻屋が餅屋になっている。だから「蒟蒻問答」ではなく、「餅屋問答」となる。なぜ関西では餅屋になるのかは、後ほど述べよう。

さて、この噺のクライマックスは、雲水・托善とニセ住職・六兵衛とのやり取りである。

六兵衛は、やってきた雲水がいくら禅問答を仕掛けても、黙ったままでやり過ごそうとする。問答に一切応じないことで雲水を帰らせようとするのである。

しかし、ひたすら沈黙する様子に雲水は「ご住職は無言の行《ぎょう》の最中でしたか」と勘違いして、「失礼しました。それでは無言にて問答をお願い致します」と、仕草で禅問答を始める。そして二人は仕草だけで以下のようなやり取りをするのだ。

最初、雲水は両手で丸い形をつくり、ニセ住職（六兵衛）に迫る。

すると、今までずっと沈黙していたニセ住職は、なぜか両腕を使って大きな円を描いてみせる。

これを見て、雲水は「はっ！」とした表情に変わる。

次に雲水は、十本の指を広げてニセ住職に突き出す。

するとニセ住職は、片手を突き出して五本の指を見せる。雲水はまたも驚く。

最後に雲水は、三本の指を突き出す。

これに対してニセ住職は、人差し指で目の下部を下げる。

ここに至って、雲水は「恐れ入りました。ワタクシ、慢心しておったようです。少々修行を積んだからといい気になっておりました。一から出直してまいります！」と、本堂を出ていく。

後を追った八五郎は、雲水をつかまえ「あんたら、いったい何をやってたんだ？」と問う。すると雲水は次のように語り始めるのだ。

私釈「蒟蒻問答」

以下、雲水の語りが展開する。解説部分は筆者の私釈である。

雲水は「ここのご住職はすごいお方でした。今日は素晴らしいご教導をいただきました」と感銘を受けている様子。八五郎が「キツネ拳（ジャンケンに類似した遊び）のような変なやり取りをしていたけど、あれは何だい？」と聞けば、雲水は「無言の行の最中とお見受けしたので、無言にて問答をお願いしました。最初、私は両手で『汝の胸中やいかに』（あなたの心の中はどのようなものですか）と問えば、住職は両腕で大きな輪をつくって『大海のごとし』（大きな海原のようなものである）とのお答えでした」と語る。

さらに雲水は「次に私が両手で『十方世界《じっぽうせかい》は？』と問うと、住職は片手を拡げ『五戒《ごかい》で保つ』とのお答え。これは大変な人に出遇ったとわかりました」などと言う。

「十方世界」は仏典でもしばしば登場する用語である。東西南北が四方、これに上下を加えると六方、さらに四維（東南・西南・西北・東北）を合わせて十方である。十方はすべての方向を表現する言葉なので、十方世界とは〝この世界すべて〟を指すこととなる。雲水は「この世界をいかに生き抜けばよいのか」と問うたのである。

すると住職は「五戒を保って生き抜け」と応答したというのだ。「五戒（パンチャ・シーラ）」とは、世界の仏教徒が日常の規範とする五つの戒めである。不殺生戒《ふせっしょう》（生き物を殺さない）・不偸盗戒《ふちゅうとう》（他者のものを盗まない）・不邪淫戒《ふじゃいん》（不道徳な性行為をしない）・不妄語戒《ふもうご》（嘘や偽りや不確かなことを言わない）・不飲酒戒《ふおんじゅ》（酒を飲んで酔っ払わない）が五戒となる。仏教では出家者・在家者ともに「戒」という倫理規範があって、五戒が代表的なものである。戒の原語であるシーラは〝習慣づける〟という意をもつ。つまり、仏教の戒は神との契約ではないのだ。仏教とほぼ同時期に成立したジャイナ教にも五戒がある。こちらの原語はパンチャ・ヴラタである。ヴラタは〝厳密な誓約〟といった意であり、シーラとはずいぶん異なるのだが、日本語だとどちらも五戒になってしまう。ついでに言うと、日本語だとユダヤ教・キリスト教の十戒《じっかい》も同じ「戒」となってしまうのだ。(2)

仏教の戒（シーラ）は、生活規範を習慣化していくことを目指すものである。まるで、朝に洗顔するように、夜に入浴するように、戒が身体感覚となる方向性で日々生活するわけである。

住職が「五戒を身にそなえて日常を生きろ」との教えを提示したと考えてよかろう。そこで雲水はあらためて仏道を知ることになる。名僧に出遇ったと確信し、足元にも及ばないと感じたはずだ。

「しかし、私も長年修行を積んできた身です。せめてもう一問、問答をお願い致しました」。雲水は指を三本出して見せ、「三尊《さんぞん》の弥陀《みだ》とは？」と問うのである。三尊の弥陀とは、三尊形式でまつられる阿弥陀仏のことだ。多くの場合、本尊の仏像の両脇に菩薩像を配置して、三尊形式でおまつりする。

基本的に左右の脇侍は、智慧と慈悲を表している。本尊が阿弥陀仏であれば、勢至《せいし》菩薩と観音《かんのん》菩薩の組み合わせがポピュラーである。勢至菩薩が智慧を、観音菩薩が慈悲を表す。智慧と慈悲、これぞ仏教である。仏教は智慧の獲得と慈悲の実践を目指す宗教だ。世界中どれほど仏教の宗派があろうとも、ここは共通している。そうでなければ仏教ではない。智慧はずいぶん多義的な用語だが、ここでは、自分の都合を通さずにものごとを認識すること、としておこう。慈悲は他者への慈愛である。他者の悲しみを自らの悲しみとし、他者の喜びを自らの喜びとする道である。智慧なき慈悲も、慈悲なき智慧も、成り立たない。双方がひとつとなって、悟りが完成する。本尊の阿弥陀仏は悟り・救いそのものの象徴であり、その内実は智慧と慈悲だというわけだ。三尊形式はそれを表現しているのだ。

本尊が釈迦《しゃか》如来《にょらい》となれば、文殊《もんじゅ》菩薩と普賢《ふげん》菩薩との組み合わせが多い。文殊が智慧、普賢が慈悲である。ちなみに、文殊菩薩は獅子に乗り、普賢菩薩は白象に乗る姿で造形される。能の「石橋《しゃっきょう》」に出てくる獅子は、文殊菩薩の獅子なのである。「石橋」は旅の法師が、橋の向こうにある文殊菩薩の浄土からやってくる獅子と出会う話である。「石橋」をもとにしてできた歌舞伎の「連獅子」は、派手な〝毛振り〟で知られるが、これも元をたどれば文殊菩薩の使いである獅子なのだ。

本尊が薬師《やくし》如来になれば、日光《にっこう》菩薩が智慧を表し、月光《がっこう》菩薩が慈悲を表す、といった具合となる。

仏像や荘厳《しょうごん》には仏教の教義が記号化されて埋め込まれているのである。三尊形式はまさに仏教そのものを表現している。

つまり雲水の「三尊の弥陀とは？」という問いは、「仏教とはなんだ？　仏道とはどこにあるのだ？」の意だと思う。ならば雲水の渾身の問いだと言えよう。

「すると、ご住職は『目の下にあり』とのお答えでした」と雲水は語る。住職は、「仏道はお前の足下にあるじゃないか、どこを見ているんだ。わき見してどうする」と教化《きょうけ》したのだ。これに感じ入った雲水は、「どうやら少々修行を積んだからと、慢心しておったようです。一から出直してまいります！」と、求道の決意も新たに去って行く。

雲水を見送った八五郎は、本堂へもどってニセ住職の六兵衛さんに「あんた、大したものですな。禅問答できるんですねえ」と声をかけるのだが、なにやら六兵衛は怒っている様子。「何を言っているんだ！　どうしてあいつを逃がしたのか。つかまえて殴ってやればよかったのに！」などとどなる。

八「どうしたんですか？」

六「あいつ、永平寺の雲水とか言っていたが、ニセモノに違いない。このあたりをうろうろしている浮浪者か何かだ」

八「？？　何のことです？」

六「それが証拠に、あいつ俺の顔をじっと見て、どうも蒟蒻屋のおやじだと気がついたようだ。お前んところの蒟蒻はこれくらい（両手で丸い形）だろうと言いがかりをつけてきやがった。ずっと黙っていようと思っていたが、店の品物にケチをつけられたら黙っていられねえ。ウチの蒟蒻はこれくらいだ（両腕を使って大きな円）と言い返してやった！

そしたら、今度は『蒟蒻十個でいくらだ？』（十本の指を広げて突き出す）と聞いてきやがった。『五百文だ』（片手を突き出す）と返答すると、なんとしみったれた野郎じゃねえか、『三百にまけろ』（三本の指を突き出す）と言いやがった。

だからアカンベーしてやったんだ」

実によくできた噺である。難点を挙げるとすれば、仕草でストーリーが進むので、文章やラジオではおもしろさがうまく伝わらないところか。

この噺には、お寺の符牒《ふちょう》が出てきたり、本堂の描写が楽しかったり、最初に雲水がしかける問答がなぞなぞになっていたり、聞きどころが多い。

そしてなにより、宗教への強烈なアイロニーがある。「どれほど難しい学問や厳しい修行をしているのか知らないが、日常を懸命に生きている我々から見れば滑稽でもある」といった感性だ。しばしば視野が狭くなりがちな宗教の性質を笑い飛ばす、芸能の本領発揮である。濃密に収斂していく傾向が強い宗教に対して、体系や権威を脱臼させて拡散してしまう芸能。その魅力を垣間見ることができる演目である。

また、禅はあらゆる価値を解体してしまうようなアナーキーなところがある。『臨済録《りんざいろく》』には、「逢仏殺仏《おうぶつせつぶつ》、逢祖殺祖《おうそせっそ》」(仏に逢えば仏を殺し、祖に逢えば祖を殺す)の言葉がある。どんな体系や権威も解体していけと説くのである。その意味で「蒟蒻問答」は、禅に逢って禅を笑うという二重の構造になっている。

また、このようにも味わうことも可能であろう。今回のストーリーでもっとも得るものが大きかったのは誰か。寺を出ていかなくてもすんだ八五郎や寺男の権助か、面目を保った六兵衛か。いや、雲水である。この人は、ガラクタの中から見事に黄金を掘り出して帰って行った。だから私などは、この雲水は後年すばらしい僧になったことだろうと(勝手に)想像している。「逆・蒟蒻問答」のパターンもあり得る。どれほど素晴らしいものを並べられても、耳を澄まさず、眼を凝らさねば、何も聞こえない、何も見えない。

求める心があれば、あらゆるものが教えを説くのである。『阿弥陀経』には、吹く風も鳥の鳴き声も仏法を説く世界が語られている。常に耳を澄ませている人には、鳥の鳴き声が仏法を説くことも起こると思う。

ところで、なぜ関西では蒟蒻屋が餅屋に変わるのかについてだが、その理由は昔から関西では丸蒟蒻になじみがないからである。一方、お餅は丸い。関西は丸餅である。それで「餅屋問答」となっているのだ。

三人の天使

パーリ語仏典『増支部』の第三に「三人の天使」という説話が出てくる。おおよそ次のような内容である。

ある男が死んで閻魔王《えんまおう》の前に引き出される。閻魔王は「お前は生きている時に三人の天使に会ったか?」と尋ねる。その男は「いいえ、会いませんでした」と答える。

すると閻魔王は「それではお前は老人を見たことがないのか」と問う。男は「いいえ、大勢見ました」。

閻魔王「お前は病人を見たことがないのか」。男「いいえ、大勢見ました」。閻魔王「お前は死んだ人を見たことがないのか」。男「いいえ、大勢見ました」。

閻魔王は、「三人の天使は現れているではないか。しかし、お前はその姿を見ようとせず、その声を聞こうとしなかったのだ」と男に告げるのである。天使は仏教用語であり、この場合は〝気づきの契機〟を意味している。

つまり、苦難の人生を生き抜く知恵は、日常のあちらこちらで花咲いているのである。そこにピントを合わせる時間・場所をもたねばならない。それが人生の分岐点である。

我々は語りに耳を澄まさねばならない。語りにチューニングする身心を育てていくのだ。そこには人間の本源的な喜びへの扉がある。本書を通じて宗教と芸能が交錯する地平へと歩みを進めてもらいたい。

［注］

（1）蓑輪顕量《みのわけんりょう》『日本仏教の教理形成――法会における唱導と論義の研究』参照。また、声明と説法の中間的なものとして表白や講式などを挙げることもできる。

（2）ユダヤ教・キリスト教の十戒は、アセレト・ハデヴァーリーム（ヘブライ語で〞十の言葉〟）であり、英語だとザ・テン・コマンドメンツ（The Ten Commandments）となる。コマンドメンツは、命令や掟といった意となる。

第一章　人類の過剰な領域——宗教と芸能

そもそも人間は、他の生物と比べて過剰な精神のエネルギーを抱えている。かつて精神分析学者の岸田秀《しゅう》は「人間は本能の壊れた動物だ」と語った。人間だけが生態系から逸脱するほどの過剰さをもっている。巨大な脳、長期間にわたる生殖可能期間、食欲、攻撃性、いずれも過剰である。単に個体を百年ほど維持するだけなら、これほどのポテンシャルは必要ないだろう。人間以外の生物は、本能のプログラムや生態系にフィットしていて、必要以上にムダな活動をしないのだ。

この過剰なエネルギーの領域は、人間にとって喜びの源泉であり、苦悩の源泉でもある。この領域とどうつき合っていくのか。それは人類にとって大きな問題であった。瞑想や修行は、まさにそのためのメソッドなのである。瞑想や修行によって、過剰な領域が暴走しないようにコントロールするのだ。

そして、人類ならではの過剰な領域、ここから宗教・アート・芸能・科学などが発生した。この領域のエネルギーは流動的なものであり、情感へと注ぎ込まれたり、知性へと流入したりすることで、宗教やアートや芸能や科学が生まれた、私はそんな構図をイメージしている。

宗教・アート・芸能・科学の源泉

認知考古学者のスティーヴン・ミズンが、自著『歌うネアンデルタール――音楽と言語から見るヒトの進化』において「三万六千年前の笛」の話を書いている。

南ドイツにあるガイセンクレスタールの洞窟で、三万六千年前の笛が見つかったという。大型鳥の翼の骨でできた笛で、世界最古の楽器だとも言われている。ミズンは、この笛を奏でたり、その音に合わせて歌ったりすることが、宗教的な機能を持っていたと推測している。ただしこれには異論があって、「人工物ではなく、動物が噛んで開いた穴にすぎない」とする説も有力である（河合信和『ホモ・サピエンスの誕生』）。しかし、ネアンデルタール人がコミュニケーションとして歌を歌っていた可能性は高い[1]。

同じような話に、「シャニダールの花」がある。イラク北部のシャニダール洞窟で、複数人のネアンデルタール人の骨が発見された。調査にあたった人類学者のラルフ・ソレッキは、約五万年前の遺骨であると考えた。洞窟内の何体かは埋葬された形跡があり、しかも花が供えられていたと思われる痕跡もある。このことをソレッキが著書『シャニダール洞窟の謎』で発表したため、旧人は死の概念をもち、死者を悼む営みを行っていた、などと話題になった。この「シャニダールの花」

の話も、まだ科学的に証明されたわけではない。あくまでその可能性があるということである。
とにかく、ちょうど五万年前〜四万年前あたりに岐路がありそうなのだ。
ネアンデルタール人に関しては、議論が分かれているものの、我々現生人類の場合はもう少しはっきり確認できる。オーストラリアのムンゴで見つかった約四万年前の骨の化石には、赤土《レッドオーカー》などを使って埋葬した痕跡がある。すでにこの時期、現生人類はなんらかの宗教儀式を営んでいたのだ。

その他、いくつかの事例と推測を組み合わせると、「約五万年前あたりから、人類の認知能力に大きな変化が起こり、宗教・アート・音楽などが発生した」という可能性がある。人類においてなんらかの認知能力のオーバーフロー（過剰）現象が起こったのだろう。それを誘発したのは言語活動だったと考えられる。

オーバーフローした認知能力は、さまざまな事象に対して流動的に機能した。宗教もアートも科学もこのエネルギーに突き動かされて発生したのである。そして、前述のように、人間ならではの喜びの源泉もここにあり、人間ならではの苦悩もここから生じる。

なぜ人間はこのような事態へと歩みを進めたのだろうか。遺伝子のコピーを繰り返しているうちに、突然の変化が起こったという説もある。もちろん、置かれた環境や風土、二足歩行への移行、捕食形態や、家族形態や、生殖戦略など、さまざまな要因がからみあった結果なのだろう。また、人類は共感能力やコミュニケーション能力を発達させる方向へと大きく展開した。このことも大きな要因であったに違いない。いずれにしても、遺伝子レベルにまで関わる大きな転換期があったようなのだ。

そして、この転換期あたりから人類は宗教儀礼を営むこととなる。宗教儀礼を通して人はこの世ならぬ世界からのメッセージを受け取り、死者と交信し、隠されている秩序を体感する。さらには超自然的存在とコミュニケーションするために、人類は見えない存在を表すシンボルも駆使するようになっていく。ミズンは『歌うネアンデルタール』の中で、「宗教的シンボルは、まさに人類の認知的流動性の延長なのである」と述べている。

人類の宗教儀礼は死者儀礼や通過儀礼から始まったと思われる。コミュニティが形成されるにつれて、宗教儀礼が行われるようになったのであろう。コミュニティ維持のために、人類は葬儀や成人式や結婚式などの〝通過儀礼〟を営む。宗教儀礼を構成するメンバーは、生者だけではない。他の生物や自然現象、死者や目に見えない領域の存在まで含んだメンバーで構成される。それらとも共感し、コミュニケーションを行う。たとえば、他の動物のモノマネをすることで、その動物の能力や霊力を活用しようとしたり、その動物と同調しようとしたり、呪術的な営みも生まれる。あるいは、雷の音を打楽器で再現するなどといった行為も始まる。死者を畏敬し、死者と交流するための死者儀礼も行う。さらには、死者や目に見えない領域の声を伝える役目のシャーマンが登場するわけである。

今日の社会と比べれば、古代社会ではさまざまなものが未分化なので、宗教と政治、宗教と科学、宗教とアートや芸能などは、かなり重複していた。宗教者は時に為政者であり、アーティストであり、芸能民だったのだ。特に、宗教とアートや芸能は同じような領域であった。この点は重要である。今日においても、宗教の場は、時に芸能の場であり、アートの場となる。宗教者とアーティストは、目に見えないものを表現しようとする面において同じ役割を果たす。宗教者と芸能者は、相手の枠組みを揺さぶろうとする姿勢において通底している。

宗教の原型と芸能の始まり

芸能の起源は宗教儀礼にある。そして、宗教の原型には、シャーマニズムやアニミズムがある。これらの形態は、世界中の文化圏や民族において確認することができる。それぞれ概観してみよう。

宗教学者のミルチャ・エリアーデは、宗教の原型としてシャーマニズムに注目している。エリアーデはシャーマニズムを、「シャーマン（霊媒者・祈禱者）によるエクスタシーやトランス（忘我）や憑依《ひょうい》の始原的な諸技術によって成り立つ信仰形態」と捉えている。つまり、「神がかり」を精神病といった視点ではなく、宗教的営為の祖形態として考察したのである。

シャーマンは、人間とこの世ならぬものとをつなぐ役割を担う。神や霊や死者などと、人とを結ぶ媒体である。日本では恐山《おそれざん》のイタコや沖縄のユタがよく知られているが、神道の巫女《みこ》も本来はシャーマンだといえる。もちろん、日本だけでなく世界各地で古代から見られる宗教形態である。歴史学者の沖浦和光《かずてる》は、シャーマンから宗教が起こったと述べている（『大宗連』［第35号－2、同和問題にとりくむ大阪宗教者連絡会議、二〇〇九年」でのインタビュー）。

見えない領域と交信するシャーマンは、トランス状態となって踊り、歌い、語る。また、見えない存在を我が身に憑依させて、異界からのメッセージを伝えるのである。

シャーマンには憑依型（異界からやってくるものがのり移るタイプ）と脱魂型（肉体を抜け出て異界へと行くタイプ）があるとされる。宗教人類学者の佐々木宏幹《こうかん》によれば、日本では圧倒的に前者が多いとのことだ。いずれにしても、シャーマンは宗教儀式のキーパーソンである。シャーマンが宗教儀礼において、特殊な服装をしたり、独特の化粧をしたり、仮面をつけたりする場合も少なくない。打楽器などを使って生み出される単調なリズムに身をゆだね、踊ったり、舞ったり、うなったり、歌ったり、ステップを踏んだり、くるくると回ったりする。特有の呼吸法や発声法を使う場合もある。みんなが注目しやすいような舞台装置を活用することもある。そうして、変性意識を喚起して、トランス状態となる、あるいはポゼッション（憑依）状態となるのである。

シャーマンを通じて、見えない存在の声を聞き、共同体は運営されていく。狩猟の無事を祈願し、豊漁・豊作の喜びを表現し、疫病や疾病《しっぺい》の平癒を願う。時には政治的判断をご託宣で決める。

このシャーマンの音楽や舞踏や演劇性は、さまざまな芸能の源流となっている。芸能について考察する場合、シャーマニズムを抜きには語れない。現在でも憑依型の芸能は世界に数多く存在する。たとえば、日本の神楽《かぐら》などは神事であると同時に、憑依型芸能としての面も合わせもっている。演者を依代《よりしろ》として、神を降ろすわけだ。

また、後述するように日本の能も憑依型芸能であろう。今なお現役で公演されているものとしては、能は世界最古の舞台芸能である。仮面をつけ、独特の身体技法を駆使しながら、この世ならぬ存在を表現する宗教芸能なのだ。

また、アニミズムも宗教の原型のひとつだと考えられている。アニミズムとは、動植物や山川草木をはじめ、自然現象なども含めてあらゆるものが霊魂をもっており、それがなんらかの作用をもたらしているとする信仰である。日本語では汎霊《はんれい》信仰などとも訳されている。

人類学者のE・B・タイラーは、アニミズムが宗教という領域の第一義的ポジションを占めると考えた。自著『原始文化――神話・哲学・宗教・言語・芸能・風習に関する研究』の中で、「人類はおそらく生物から無生物に至るまで、万物は人間と同様に生きて活動していると考えたであろう」「アニミズムから多神教へ、多神教から一神教へ進化する」と語っている。このような「宗教進化説」(アニミズムから民族宗教へ、民族宗教から普遍宗教へと宗教形態は進化していくとする説)は、現在の宗教学では否定されることが多い。さまざまな宗教形態は、交錯・融合しているからである。そしてアニミズムは世界のほとんどの地域で確認することができる。

アニミズムは、ラテン語のアニマ(息、魂)からきた言葉である。英語のアニマル、アニメート(生きている)、アニメーション(活気)も同じ語源である。

人間は言語をもつことによって、超自然的存在についての思考と感性が生まれたようだ。そしてそれは至極当然な結果である。山を見れば長久的存在を感じ、海を見れば無辺際《むへんさい》の存在を思考し、呼吸すれば目に見えない何かで生きていることを学ぶ。すなわち、アニミズムはこの世界を説明する手立てでもあるのだ。

もうひとつ、マナイズムについてお話ししよう。

人類学者のR・H・コドリントンは、物理的な力とは異なる超自然的・呪術的なパワーをマナと名づけた。

アニミズムは「ひとつの人格的存在としての霊魂」を前提とするが、この観念へと到達する以前に、一種の神秘的なパワーを信仰する形態がある。これを人類学者のR・R・マレットが「プレアニミズム」と名づけた。マレットは、これこそが宗教の起源であると述べている。

同様に、コドリントンも非人格的な神秘的呪力をマナと呼び、これによって宗教や呪術の根源を探ろうとした。マナは「それ自身で独自に作用する力の源」である。その点で、何かの事物に霊魂があるとするアニミズムと少し異なる。日本の言霊《ことだま》信仰も、「発する言葉にさえ霊魂がある」とする意味ではアニミズムから論じることができるものの、特定の言葉に神秘の力が宿ると捉えるならば、むしろマナイズム的である。今でも「四番と九番が無い駐車場」を見かけるが、死（四）と苦（九）という負のパワーが宿るとする感性は、「目に見えない何らかの力や法則がある」という思考に基づいている。

また、マナはある存在から別の存在へと移行させることも可能である。伝染性もあり、生物・無生物にかかわらず存在に付属する呪力なのである。このような信仰形態をマナイズムと呼ぶ。

折口信夫は〝タマフリ〟と〝タマシズメ〟に関する論考で、威力のある霊魂を人や物に付着させる話を書いている。マナとは、霊的な勢力なのである。マナを身につける儀礼が「タマフリ」である。また日本の中世では、渦巻きなどの紋様には特殊な力が宿るとする信仰があった。こういったものもマナイズムの一形態だ。

これらの信仰形態は未分化の宗教を理解・説明するのに都合がよい。しかし、実際にはさらにいくつかの要素がからみあって宗教や儀礼が生まれる。たとえば、共同体や労働なども大きな要素である。集団で活動するには、結束や秩序が必要だ。時には集団による熱狂が求められる。

また、狩猟にしても漁労にしても、農業にしても、共同作業によって成り立つ。そしてそこには労働歌とでも言うべき音楽性や演劇性が発生する。なにしろ日々倦《う》まず弛《たゆ》まず単純作業を繰り返したりする場面があるのだ。メンバーが共に歌うことが必要となってくる。あるいは休憩の際に娯楽がなくてはならない。初めは仲間内でやっていたものが、そのうちそれを生業《なりわい》とする専門家たちが出てくる。観客が生じる。芸能の発生である。

他にも、人間には「表現すること自体が喜び」という面がある。これは根源的なもののひとつであろう。もともとは宗教儀礼であっても、表現する喜びが旺盛になれば、やがて芸能へと展開する。宗教儀礼は宗教者がトランスしたり無私状態になったりすることで進行するが、儀礼執行者が表現する喜びを感じ、そこに観客がやって来れば、芸能が成り立つのである。

自分が何かを表現して、それに他者が共感してくれた喜びは、なにものにも代え難いに違いない。

これも共感やコミュニケーションを軸として発達してきた人類の大きな特性だと思われる。

アナロジーの能力で見えない世界を感知する

もう少し人類の特性について考察を続けよう。

高度な知的活動ができる生物は、アナロジーの能力をもっている。類人猿や猿なども、ある程度のアナロジー能力があるようだ。しかしなんといっても、この能力は人類が突出している。アナロジーの能力によって、超自然的存在を実感することもでき、アートや芸能を楽しむこともできるのである。

アナロジーとは、ある状況や事物を別の状況や事物に置き換えて理解することである。類比などと訳されている。我々は、本来直接には関係がないものでも比較・推理・同一視することができる。これがアナロジー能力である。アナロジーは人間の認知や思考のあらゆるところで機能している。おかげで、ある領域の知見を利用して、別の領域での洞察を得ることもできる。

たとえば、人間がひんぱんに行う〝擬人化〟という作業は実に興味深いものである。我々はさまざまな存在や現象を、〝人間〟をベースに認識・理解する。認知科学者のキース・J・ホリオークとポール・サガードは『アナロジーの力――認知科学の新しい探求』の中で、次のように述べている。

擬人化は、人ではないものを人のように見なすことを意味する。このような想像的創造活動は神話や比喩の領域に通じるものである。この領域では、例えば、死は単なる物理的プロセスではなく、死神としてこの世を渡り歩いている何者かの名前となったりする。また、月は私たちが眠っている間に見守ってくれる母になりもする。

もちろん、擬人化だけではない。枯山水のように石や砂を、大河や波としてとらえて楽しむといったこともできる。後ほど論述するが、アナロジーを駆使して楽しむ日本の〝見なし文化〟は、語り芸能を考える上で重要な手がかりである。

火が消える様子を見て、生命のはかなさを感じる。雲の間から光が差し込めば、超自然的存在を実感する。火焰土器を使って、火とエネルギーを表現する。いずれもアナロジー能力のなせる業である。アナロジーは次のような場面で発揮される。

(1) 何か新しい事象と出会った際、自分の経験と照合して類推する。
(2) 他者に何かを説明する時。
(3) 新しい何かを生み出す時。

アナロジーの能力があるからこそ、人間は呪術行為を営む。雨乞いのために太鼓を叩いたり、水をまいたりするのは、類似した現象の活用である。また、動物のマネをして超自然的力を表現する行為も同じ原理である。

そういえば、学生の時、「〝おばあちゃんのメガネ〟と聞いて、どう思う？」などとおかしなことを聞いてくる友人がいた。その人は、〝おばあちゃんのメガネ〟と聞くだけで胸が痛くなるほどの宗教性を感じる、と言うのだ。そのときは何を言っているのかよくわからなかったのだが（変わった人だ、としか思えなかった……）、今なら共感できる。これもアナロジー能力によるものなのである。

「世界は神が創造した」「母は亡くなったが、いつも見ている」といった抽象的・形而上的な思考は現生人類しかできない。現生人類は他者の死という具体的なものと、自己の死という抽象的なものを抱えることができるのである。

古代人は洞窟の壁に鳥や獣を描いているが、それは単に鳥や獣そのものを表しているだけではなく、死んだ人の魂の行き先を表現したり、そこに神の使いを見たり、さまざまなものが多義的に凝縮された表現なのである。いずれもアナロジー能力がなければなし得ない。

アナロジーが体系化されれば、記号《サイン》が生まれ、象徴《シンボル》が生まれる。考えてみれば、これほど脳と心を鍛えるものはない。

古代ギリシャでは、別々のものをつなぐ思考の技法を、アナロギア（類推）・ミメーシス（模倣）・パロディア（諧謔《かいぎゃく》）と分類している。どれを取り上げても宗教儀礼の源泉であり、芸能の源泉なのである。

記号と象徴が伝達するもの

アナロジーにまで話が進んだので、さらに記号と象徴について述べよう。宗教を語る上で欠かすことができないだけでなく、実は落語を理解するためにも必要なことである。

前述したように、今日においても宗教者と芸能者は「見えないものを表現する」「相手の枠組みを揺さぶる」という役割を担う点では共通している。両者はさまざまな記号を駆使して、聖性や非日常を可視化する。記号はある事物や現象を端的に伝達するための媒体である。宗教者や芸能者は、身体や言葉による記号を使い、また自らが記号となって、見えないものを表現し、人々の枠組みを揺さぶるのである。

哲学者のパウル・ティリッヒは「記号は便宜や慣習などの理由で変更可能だが、象徴はそれができない」(『信仰の本質と動態』)と述べ、記号と象徴とを区別している。記号は時代や事情によって変更されることが可能なものを指す。以前、高齢者運転手の目印として自動車に貼るステッカーが、変更になったことを記憶している人も少なくないだろう。最初のデザインが不評なので、変えることになったらしい。このように、変更可能なものは記号である。これに対して、変更や代替ができないものを象徴と呼ぶ。たとえば、十字架はクリスチャンにとっては他のものに交換できない象徴である。十字架は神の子であるイエスによる贖罪《しょくざい》が端的に表現されている。近年、「当時の磔刑《たっけい》は十字架ではなく、T字に木を組んだ」という研究が発表されたが、だからといってキリスト教の十字架がT字に変更されることはない。十字架は宗教的象徴なのだ。象徴は、それを象徴として扱う集団が解体されない限り、象徴として生き続ける。集団が解体されれば、象徴は死ぬ。そういった性格のものである。

記号や象徴は、抽象的なものを表現する方法であり、多義的なものを表現する方法である。象徴なしに、科学も宗教も学問も芸術も芸能も成り立たない。

宗教体系では、象徴は大きな軸となる。仏教で「世界は仏で満ち満ちている」などといった世界観が語られるが、これはさまざまな働きを「仏」という象徴で表現しているのである。

実は落語という芸能はさまざまな記号を使う。和装に正座という独特のスタイルで、動きが極端に制限された語り形態である。動きが制限されているからこそ、記号を使う。記号を使って多くの情報を伝えることができるのだ。

そして、語り手が発信した記号を、受け手の方はアナロジー能力を使って何倍にも増幅させる。噺家が大工に見えたり、遊女に見えたりする。その場が長屋になり、奉行所になり、お寺になる。そんなやり取りを楽しむのである。

神楽の発生

人類のアートや音楽や芸能は、宗教儀礼と共に展開をしてきた。

芸能という文字の「芸」とは「わざ」という意である。そして、「能」は「姿をまねする」といった原意がある。芸能には、「マネをする技」といった意味が内包されているのである。何のマネをするのかといえば、それはまさに「宗教儀礼のマネ」なのである。

宗教儀礼の中にも、動植物のマネや自然現象のマネをする要素がある。鳥のマネをする、狼のマネをする、田畑を荒らす鹿のマネをする。いずれもアナロジーを使った呪術である。あるいは、田植えや収穫のマネをするワザもある。生殖行為のマネをするワザもある。そこに観客が発生すれば、宗教儀礼がそのまま芸能へと転換されることもある。

中国の律令では、芸能者は巫覡《ふげき》に組み込まれていたらしい。巫覡とはシャーマンのことである。日本においても、シャーマンが神の言葉を語り、死者の言葉を語り、吉凶を占い、戦略の判断を行い、予祝し、病気治しなどを行ってきた。死者を送るためのツールとして、船・馬・太陽・月・亀などが用いられ、宗教者がトランスするためのツールとして特殊な服装・楽器・仮面・化粧などが用いられた。

古代日本の社会では、死から埋葬までの間に「モガリ」があった。ことに天皇の死に際しては、モガリの期間中、遊部《あそびべ》が「遊び」を行う。遊びとは魂を振って活性化させることである。禰義《ねぎ》と余比《よし》が刀や矛《ほこ》を振ってお棺の周りを回る。これが魂《たま》ふりである。もともと二人の女性が行っていたようだ。それが後に男性になり、やがて男装の白拍子《しらびょうし》になるのである。源義経の愛妾・静御前《しずかごぜん》は、母の代からの白拍子だった。

とにかく日本の神々は歌舞音曲《かぶおんぎょく》がお好きである。日本では神々をもてなし、喜んでもらうために、歌舞音曲が用いられた。

次の文章を読んでみよう。

天宇受売命《あめのうずめのみこと》、天《あま》の香山《かぐやま》の天の日影を手次《たすき》にかけて、天の真拆《まさき》を鬘《かずら》として、天の香山の小竹葉《ささば》を手草《たぐさ》に結ひて、天の石屋戸にうけ伏せ、蹈《ふ》みとどろこし神懸《かむがか》りして、胸乳《むなち》をかき出で、裳緒《もひも》をほとにおし垂《た》れき。ここに高天原動《とよ》みて、八百万《やおよろず》の神共に咲《わら》ひき。

ここに天照大御神怪《あや》しとおもほして、天の石屋戸を細めに開きて、内より告《の》りたまはく、

「吾が隠《こも》りますによりて、天の原 自《おのずか》ら闇《くら》く、また葦原中国《あしはらのなかつくに》も皆闇からむとおもふを、何の由《ゆえ》にか天宇受売は楽《あそび》をし、また八百万の神 諸《もろもろ》 咲《わら》へる」とのりたまひき。ここに天宇受売白言《もう》さく、

「汝《な》が命《みこと》に益して貴き神坐《いま》すが故に、歓喜《よろこ》び咲ひ楽ぶ」とまをしき。

かく言《もう》す間に、天児屋命《あめのこやねのみこと》・布刀玉命《ふとだまの》その鏡をさし出だし、天照大御神に示《み》せ奉《まつ》る時、天照大御神いよよ奇《あや》しと思ほして、やくやく戸より出でて臨《のぞ》みます時に、その隠《かく》り立てりし天手力《あめのたぢから》男神《おのかみ》、その御手《みて》を取りて引き出だしまつりき。　（次田真幸全訳注『古事記』）

（天宇受売命が天の香山のひかげかずら（蔓草の一種）をたすき掛けにして、つるまさきをかずらにして、天の香山の笹の葉を手に持つ程度に束ねて、天の石屋戸に桶を伏せて置いた。そして大地を踏み轟かし、神懸った状態になると、胸もあらわに、裳の紐も陰部まで押し下げて垂らした。これに高天の原は揺れ、八百万の神々は共に笑った。これを天照大御神は不思議に思って、天の石屋戸を細め

に開いて中から、「私がここに隠れているのだから、天の原も、また葦原中国も暗くなっているはずなのに、どうして天宇受売は歌い舞い、八百万の神も皆笑っているのか」と言った。これに天宇受売は、「あなたにも増して貴き神がいらっしゃいました。ですから喜び笑い歌い踊っているのです」と答えた。こう答える間に、天児屋命と布刀玉命は鏡を指し出し、天照大御神に示し見せると、天照大御神は一層不信に思いそろそろと戸から出てあたりを窺おうとした。その時、そこに隠れて立っていた天手力男神はその御手を取って引き出した」

よく知られたアマテラスの「天の岩戸隠れ」における、アメノウズメの舞踏場面である。「これが最初の神楽だ」などと言われる。有名な「高千穂の夜神楽」(2)でも、この場面が演じられる。弟であるスサノオが乱暴狼藉をはたらいたため、アマテラスは岩戸に隠れてしまう。アマテラスは太陽神であるため、隠れると世界は闇となる。そこでなんとかアマテラスを岩戸から引っ張り出そうと、神々が一計を案じて、岩戸の前で大騒ぎする。天宇受売命がたすきを掛けて、ツルマサキを頭にのせ、手に笹をもって踊る。「ふみとどろこし」とは、足を踏みならすことである。まさにシャーマンのステップだ。「神懸りして」はトランス状態になったことを指す。変性意識を喚起させて、アメノウズメはステップを踏む。胸をあらわにして、下半身の衣服を留めている紐をずらして、女性器もあらわに踊る。高天原は揺れ、神々は大いに笑うのである。

アマテラスが「どういうことなんだろう」と思って、岩戸を細めに開けて外の様子をうかがうと、アメノウズメが「楽《あそぶ》」、つまり歌い踊り舞っているわけである。ここには、祭具・呪物も出てくる。「ひかげかずら」は聖なる植物である。「たすきを掛ける」は、物忌みのしるしであり、「つるまさきをかずらに」は神霊が宿ることを表している。笹竹は神官がもつものであり、後に御幣《ごへい》(3)となる。今日においても、笹竹は歌舞に使われている。特に、後世の芸能では、「女物狂《おんなものぐるい》」は笹竹をもつ約束になっている。

この部分、『日本書記』だと「ちまきのホコをもち、巧みにワザオギす」とある。ワザオギは「俳優」と書く。神を招《お》ぐ能《わざ》の意である。

今日においても、神楽を観れば、宗教儀礼と芸能とが一体となった姿を実感できるはずである。神楽の動きは基本的に〝舞〟だ。舞は旋回運動であり、水平方向に移動する。〝踊り〟は上下に跳ねる、踏むという動きが入る。

アメノウズメの舞踏場面では、鎮魂の舞の荒々しさ、邪気を祓《はら》う足踏みが描写されている。大地の魂を呼び覚ます舞踏である。アメノウズメは神がかり状態となって舞い踊る。それが弱った神(アマテラス)を奮い立たせるのである。これを「神遊び」と言う。神楽の原型である。

アメノウズメノ命は日本神話初の芸能者であり、芸能の神としても祀られている。あきらかに巫女のイメージである。シャーマンであり、同時に芸能者なのである。

俳優の誕生

次に海幸彦と山幸彦の神話を取り上げよう。

海幸彦（ホデリノ命）は魚を捕って暮らし、末弟の山幸彦（ホヲリノ命）は獣を捕って暮らしていた。ある日、山幸彦は兄の海幸彦に「道具を取り換えて、お互いの仕事を交替しましょう」と提案する。海幸彦は断るが、何度も頼まれて、承知する。ところが山幸彦は一匹も釣れないどころか、大切な兄の釣り針を失くしてしまう。海幸彦は怒って、「どうしても返せ」と迫る。

山幸彦が途方に暮れて泣いていると、シオツチノ神が竹籠の船で海中へと連れて行ってくれる。海の神であるワタツミノ神の宮で、出遇ったトヨタマビメノ命と結婚（二人の子どもが神武の父）して、山幸彦は鯛の喉にかかった兄・海幸彦の釣り針を手に入れる。

やがて山幸彦は自分の世界へと帰ることとなる。海の神は、「釣り針を兄に返す時、呪文（おぼち、すすち、まぢち、うるち）を唱え、後ろ向きにお渡しなさい」と告げる。また、満潮と干潮を起こす珠ももらう。

釣り針を返したものの、その後の兄弟は明暗が分かれる。弟・山幸彦の田は、海の神の力で水が豊富だからうまくいく。兄・海幸彦の田はダメになる。兄の心はすさんでいき、結局弟を攻撃する。弟は、珠でおぼれさせて、兄を征服するのである。その時の描写が、『古事記』では以下のようになっている。

攻めむとする時は、塩盈珠《しおみつたま》を出して溺《おぼ》らし、それ愁《うれ》へ請《こ》へば、塩乾珠《しおふるたま》を出して救ひ、かく惚《なや》まし苦しめたまふ時に、稽首白《のみもう》さく、「僕《あ》は今より以後《のち》、汝命《いましみこと》の昼夜《ひるよる》の守護人《まもりびと》となりて仕へ奉らむ」とまをしき。かれ、今に至るまで、その溺れし時の種々《くさぐさ》の態《わざ》、絶えず仕へ奉るなり。

（次田真幸全訳注『古事記』）

〔兄が弟を攻めようとした時、弟は塩盈珠を出して溺れさせた。兄が救いを求めると、塩乾珠を出して救い、このようにして苦しめなされた。兄は、地にぬかずいて「悪かった。私は今後、あなたを昼も夜も護る人となって、お仕えいたします」とあやまった。だから、今でも（その子孫である隼人《はやと》は）溺れた時のいろいろの身振りをして奉仕しているのである〕

この部分、『日本書記』では、もう少し詳しい描写が記述されている。まず、兄・海幸彦は「どうか助けてくれ。私を助けてくれたら、私の生む子の末代まで、あなたの住居の垣のあたりを離れず、俳優《わざおぎ》の民となろう」と懇願する。これを聞いて弟・山幸彦は兄を助けるのだが、腹の虫はおさまらない。そこで兄は弟の機嫌をとるために、ふんどしを身に着け、顔や手に赤土を塗り、踊り、演じるのである。

乃ち足を挙げて踏行《ふ》みて、其の溺苦《くるし》びし状《かたち》を学《なら》ふ。初め潮、足に漬く時には、足占《あしうら》をす。膝に至る時には足を挙ぐ。股《もも》に至る時には走り廻《めぐ》る。腰に至る時には腰を捫《もち》ふ。腋《わき》に至る時には手を胸に置く。頸《くび》に至る時には手を挙げて飄掌《たひろか》す。爾《それ》より今に及るまでに、曽《かつ》て廃絶《やむこと》無し。

（坂本太郎ほか校注『日本書紀(一)』）

〔そこで足をあげて踏みならし、そのときの苦しそうな真似をした。初め潮がさして足を浸してきたときに、爪先立ちをした。膝についたときには、足をあげた。股についたときには走り回った。腰についたときには、腰をなで回した。脇に届いたときには手を胸におき、首に届いたときには、手を上げてひらひらさせた。それから今に至るまで、その子孫の隼人たちは、この所作をやめることがない〕

（宇治谷孟『全現代語訳　日本書紀』）

ここから隼人舞が誕生したというのである。隼人民族の降伏を神話の形態で語っていると思われる。山の民（内陸で暮らす部族）と海の民（沿岸部で暮らす部族）との話が神話に投影されており、山の民は農業で成功するのである。農業で成功しなかった部族が征服された、といったところか。

ここには職能集団としての俳優が語られている。一面では神を招《お》ぐ能《わざ》をもつ者たち（宗教者）であり、一面ではマネをする能をもつ者たち（芸能者）である。ここでは、特殊なメイクと衣装で、次第に水位が増していくところを表現する。そして溺れる者のマネをするという素朴な演劇が展開されたのである。

人類における宗教と芸能

人類は他者との共感能力を発達させる方向へと歩みを進めてきた。また、自身に内在する過剰なエネルギーとのつき合い方を工夫してきた。宗教も芸能も、そういった人類の本質に関わる領域である。

ゆえに、世界のどの文化圏・民族においても、宗教儀礼が芸能の土壌となってきた。宗教儀礼においては、シャーマニズムやアニミズムやマナイズムが大きな要素となるが、中でもシャーマンの仮面・舞踏・演技、さらにはトランス状態の変性意識などが芸能に直結している。宗教者・芸能者は見えない世界のメッセージを伝える役割を担ってきたのである。古代のコミュニティにおいては不可欠の存在であった。

社会が複雑化・成熟化するにつれ、その役割は細分化・専門化していく。しかし、今日においても、宗教者・芸能者がその場を揺さぶるトリックスター的存在であることは変わらない。我々はそういう存在によって揺さぶられなければ、生きていくことがとても困難になるのである。この構造は数万年前も現代も大きく変わることがない。

日本においても、宗教儀礼から芸能が生まれ、芸能が宗教儀礼を担当し、神話の中に芸能が表現され、芸能が神話を伝承してきた。しかし、我々はこのようなダイナミズムを見落としがちである。

宗教と芸能が互いを刺激し合い、丁々発止と火花を散らす、そんな豊かな世界を垣間見るため、もう少し宗教と芸能についての考察を進めていこう。

［注］

（1）人類学者の山極寿一《やまぎわじゅいち》は、共同体で育児を始めた人類が、乳幼児をあやすために歌うようになり、それが言語のもとになった可能性に言及している。山極は、人類は両腕で食物を抱えて運ぶために二足歩行を始め、二足歩行によって声帯が下がり、肺を大きく使えるようになり、発語能力が発達したと述べている。『「サル化」する人間社会』参照。

（2）**高千穂の夜神楽**　宮崎県の高千穂町で、夜を徹して行われる神楽。日本神話の神々が総出演する。重要無形民俗文化財に指定されている。

（3）**御幣**　幣帛《へいはく》の一種。神への捧げものである。帛（布）を木にはさんで捧げていたものが変化して、棒へ紙をつけたものになった。御幣は神の依代として使われ、またお祓いをする道具としても用いられる。

第二章　日本仏教文化、発動！

芸能が生まれ育っていく土壌には宗教がある。日本の伝統芸能であれば、仏教や神道が大きな要素となる。もちろん、他にも儒教・道教・修験道・キリスト教などの要素もあるのだが、ここでは仏教を中心に見ていく。

まずは、仏教と共にやってきた歌舞音曲《かぶおんぎょく》に注目しなければならない。大陸においては宮廷音楽であった雅楽《ががく》は、日本では宗教儀礼と共に展開する。雅楽が仏教と共に伝来したからである。

現在、雅楽の拠点は宮内庁と四天王寺（大阪市天王寺区）である。雅楽は世界最古の合奏音楽であり、きちんと現存しているのは日本だけらしい。日本の雅楽は左楽《さがく》（唐楽《とうがく》）と右楽《うがく》（高麗楽《こまがく》）に大別されるが、いずれにしても日本で熟成されてきたために、独特のものとなっている。本書では雅楽よりも俗楽《ぞくがく》に注目することになるが、やはり四天王寺を取り上げないわけにはいかない。第五章では「高安長者伝説」や「弱法師《よろぼし》」、さらには「日想観《にっそうかん》」などを通して述べてみようと思う。

とにかく日本仏教と日本伝統芸能とを考察する上で、四天王寺は重要である。

幻の儀礼芸能「伎楽」

すでに継承が途切れてしまった芸能に伎楽《ぎがく》がある。伎楽は儀式性の高い仮面舞踏劇である。寺院の法会《ほうえ》(1)・法要などで行われた。仏教儀礼内における芸能といった性格をもっていたようだ。幸いにも、遺された資料によっておおよその様子がわかる。

「三宝を供養するに諸蕃楽《ばんがく》を用いる」(『聖徳太子伝暦《しょうとくたいしでんりゃく》』)と記されているように、日本の法会・法要では外来の歌舞音曲(蕃楽)が重視された。『延喜式《えんぎしき》』によれば、大安寺《だいあんじ》・西大寺《さいだいじ》・法華寺・秋篠寺に伎楽の拠点をおくとされている。国家行事や仏教行事において、伎楽上演は恒例化していたのである。

伎楽は「くれのうたまい」と呼ばれ、呉《ご》の文化圏の歌舞であるとされる。しかし、源流をさかのぼればヒンドゥー文化圏やギリシャ文化圏の仮面劇へと行き着きそうである。どこにも現存していないので、詳細は不明だが。ただ伎楽の仮面だけは正倉院や法隆寺や東大寺に残されている。いずれも頭からかぶるタイプだ。

伎楽がどう演じられたのかについては、『教訓抄』がほぼ唯一の文献となる。『教訓抄』は、興福寺に所属していた狛近真《こまのちかざね》による楽書《がくしょ》である。それによると、伎楽は扮装した行列が練り歩くことから始まる。行列をつくって歩く作法を行道《ぎょうどう》やお練りと言うが、この作法自体は今日でも大きな仏教行事などではよく営まれている。伎楽の場合は、演劇のように役割が決まっており、その順序も定まっていたようである。

まずは、治道《ちどう》と呼ばれる露払いが先頭を歩く。道を清める役割だ。治道の先導で笛や鼓《つづみ》といった楽隊が続き、次に獅子が登場。現在の獅子舞のように、二人組で獅子を演じる。獅子の手綱《たづな》を獅子《しし》児《ご》が持つ。

獅子に続いて呉公《ごこう》となる。呉公は扇を持ち、笛吹きの所作をする。次に登場するのが、迦楼羅《かるら》である。迦楼羅はインド神話に出てくるガルーダだ。ガルーダは鳥と人間とを合体させた姿で描かれる。ビシュヌ神の乗り物であり、今日でもヒンドゥー文化圏で人気がある。日本の烏天狗《からすてんぐ》の原型はガルーダだと言われている。伎楽では迦楼羅が土中の螻蛄《けら》を食《は》む姿が演じられる。

迦楼羅の次に、崑崙《こんろん》が続く。崑崙は尖った耳と牙《きば》をもつ異相となっている。異民族ということなのだろう。この崑崙が観客（という設定）の呉女《ごじょ》に懸想してしまい、マラカタと呼ばれる扇（男性器の記号）で追い回す。これを見た金剛と力士に、崑崙はやっつけられてしまう。性描写も含んだコミカルな寸劇である。

さらには、インドの高僧である婆羅門《ばらもん》（婆羅門は、高僧なのにムツキ洗いの演技をする。おむつを洗うのである）・太孤父《たいこふ》（老人。この人は子どもに手をひかれて仏前へと参詣《さんけい》する）・酔胡《すいこ》（西域の民族。酔っぱらった様子を演じる）といった面々が登場する。いずれも個性的であり、魅力的なキャラクターである。

迦楼羅の舞、崑崙や呉女による演劇、婆羅門や酔胡の滑稽さ、伎楽には芸能の諸要素が盛り込まれている。伎楽の中で舞われる獅子舞は、その後、日本各地に伝播した。また、伎楽の演技は後の猿楽《さるがく》にも影響を与え、伴奏音楽は（雅楽の中で）今日にまでつながっている。

伎楽自体は、江戸時代まで興福寺などで細々と行われていた。記録で確認できるのは、明治二年（一八六九）が最後らしい。ともあれ、ここで注目すべき点は、仏教における法会・法要が多くの日本の芸能を生み出し発達させてきたということである。

法要文化の成熟

東アジアの仏教は法会・法要を重要視するという特徴がある。特に日本の仏教の初期では、鎮護国家や祈禱などの法会を営むことが大きな役割であった。

正式の法会では、「経典を読誦《どくじゅ》したり、表白《ひょうびゃく》（法会や修法《しゅほう》を行う際に、趣旨を本尊や参勤者などに告げるために詠みあげる文章）を拝読したりするパート」と、「仏法を説き聞かせるパート」の二つがそろわねばならない。前者は梵唄《ぼんばい》や声明《しょうみょう》と呼ばれる仏教音楽に基づいた読誦が行われ、後者では仏教の教義や信心が語られたのである。

中国仏教では、読経《どきょう》・声明に通じた僧侶を「経師《きょうじ》」、説法（説経・説教・唱導《しょうどう》・法談・談義などとも言う）に通じた僧侶を「講経師《こうきょうし》」や「唱導師」と呼んだ。そして、「唱導（説法）では、重要なポイントが四つある。それは、声・弁舌・才能・博識だ」などと言われていた。「虎渓三笑《こけいさんしょう》」(2)で知られる慧遠《えおん》なども、とても唱導が上手だったとされている。

朝鮮の仏教では、前者を「読師《どくし》」、後者を「講師《こうじ》」などと呼んだ。いずれも大きな法会・法要が成立するために必要な要素だったのである。

もちろん、声明のエキスパートとか、説法の達人といった僧侶はあちこちで活躍したことであろう。「今回の法会はとても大切だから、ぜひあの人に読経してもらいたい」「ぜひともあの人に説法をお願いしたい」などということもあったに違いない。

聖武天皇による東大寺の大仏開眼供養の際には、一万人の僧侶が集められ、政府の雅楽寮《うたりょう》が音楽を担当し、開眼師はインド僧・菩提僊那《ぼだいせんな》、経典の読誦は読師・延福、祈禱は呪願師《じゅがんし》・唐の道璿《どうせん》、総監督である都講《とこう》は行基《ぎょうき》の弟子・景静《けいじょう》といった陣容であった。もちろん伎楽も行われた。まさに空前絶後の国家イベントだったことがわかる。

日本の法会・法要における「声明」と「説法」の二大構成要素、さらには法会・法要終了後の娯楽要素まで含めて、ここでは法要文化と総称する。この法要文化の構成要素を順に見ていこう。まずは声明である。古くは梵唄なども呼称されたが、ここからは声明の名称で統一するのでご了解願いたい。

声明は日本の伝統音楽の基盤となった。十二律(3)と呂曲《りょきょく》・中曲《ちゅうきょく》・律曲《りっきょく》と五音(4)との組み合わせに、ソリ・ハル・ユリ・オチ・ウツリ・当たり上げなどの発声・節回しの技術が加わる。「呂律《ろれつ》が回らない」という言い方があるが、これは呂曲と律曲からきた言葉だ。また中曲は日本オリジナルの旋律である。これらは、歌念仏・和讃・御詠歌《ごえいか》・祭文《さいもん》・今様《いまよう》・謡曲・浄瑠璃・長唄・小唄・音頭《おんど》・浪曲《ろうきょく》・民謡、現在の演歌の小節《こぶし》にいたるまで、声楽・歌謡の土壌なのである。近代になって欧米の声楽・歌謡が輸入されるまで、日本独自の発声法として展開してきた。今でも日本人の身心に刻み込まれた技法であると思う。

声明といえば、注目すべき人物がいる。良忍《りょうにん》(一〇七二年-一一三二年)である。日本音楽史を考察する上で、キーパーソンである。この人物を抜きにして、日本音楽を語ることはできない。

日本仏教の声明の基盤には天台声明と真言声明がある。天台声明は、円仁《えんにん》が唐から「魚山《ぎょざん》流声明」を持ち帰り、京の大原あたりを魚山に見立てて確立する。そこから二百六十年後に登場するのが良忍である。現在では、融通念仏宗の祖として知られている。良忍が音階を整理し、輸入ものだった声明を日本のものへと変換していった。それまで異国の発声であり、少し違和感があった仏教声明が日本化する。良忍は声明の大成者であり、天台声明中興の祖である。天台のみならず、真言声明も含めて、今日の大部分の仏教宗派は、良忍を声明の大成者としている。

良忍は天性の声と卓抜した技法をもち、声明によって浄土を表現し、融通念仏を確立する。その念仏の場にいた人々は、そこに浄土があるように感じたと言われる。今も大原の律川《りっせん》上流には「音無しの滝」があるのだが、これは良忍が練習していると滝がシンクロして音がなくなったという故事に由来する。

良忍の融通念仏は、「一人の念仏は万人のために、万人の念仏は一人のために」との理念に支えられている。人々が互いに念仏の功徳《くどく》を融通し合うのである。そうなると、「大合唱の念仏」の形態が発達する。さらには、融通念仏との結縁《けちえん》を勧める念仏勧進や念仏聖《ひじり》が生まれ、大合唱の念仏法会が催されるようになる。これが大念仏である。これについては後でもう一度取り上げよう。

一方、真言声明は空海によってもたらされ、その弟・真雅《しんが》が整えたとされる。『理趣経《りしゅきょう》』読誦に大きな特徴がある。さらに寛朝《かんちょう》を中興の祖とし、現在では智山《ちざん》流・豊山《ぶざん》流・南山進《なんざんしん》流に大別されている。

聖典の読誦・合誦《ごうじゅ》は、ほとんどの宗教において重要視される行為である。しかも大半の宗教において独特の節《ふし》や抑揚や旋律を駆使して読誦・合誦される。すなわち宗教の場をクリエイトするための手立てでもあるのだ。聖典の文言を複数で合誦する際の一体感は、教義や理念を超えるものがある。宗教的パトス（情念）が噴出し、その場にいる者の身心がシンクロする。このあたりは芸能の場と同じような事情である。

そして、説法の方は、日本における語り芸能の母体となっていく。本書のテーマはこちらである。日本仏教の説法・説教と語り芸能だ。この分野の先駆者は仏教文学者・関山和夫であった。関山は『説教と話芸』や『説教の歴史的研究』など、独自の研究を続けた。関山は、稀代の説法者たちをさまざまな文献から拾い上げていった。慶意《けいい》、縁賀、澄憲《ちょうけん》、聖覚《せいかく》、清範《せいはん》、永昭、院源《いんげん》、静照《じょうしょう》などの名前を挙げている。四箇大寺《しかたいじ》（東大寺・興福寺・延暦寺・園城寺《おんじょうじ》）には、それぞれに説法の名手がいたのである。慶意については、虎関師錬《こかんしれん》（一二七八年－一三四六年）も『元亨釈書《げんこうしゃくしょ》』で取り上げており、この人には「先泣《せんきゅう》の誉《ほまれ》」があったとしている。つまり、聴衆を泣かせる前にまず自ら泣き、それが見事な唱導になっていたのであろう。しかしなんといっても、澄憲（一一二六年－一二〇三年）と聖覚（一一六七年－一二三五年）の親子を、安居院流《あぐいりゅう》の完成者として特筆せねばならない。

ところで、ここでいわゆる説法や説教と唱導とを少し区別したいと思う。説法・説経・説教・講義・講釈・唱導といった用語は区別せずに使われる場合も多いのだが、聖覚の弟子である信承《しんじょう》が撰述した『法則集』によれば、表白・願文《がんもん》・発願《ほつがん》・四弘誓願《しぐぜいがん》・諷誦《ふじゅ》・教化《きょうけ》・説法・廻向《えこう》といったものを総合して唱導と呼んでいる。つまり説法は唱導の一要素ということになる。この書では、上堂・着座から降座・退堂などの進退作法、法会の種類、発声や抑揚の方法、内容や語句に至るまで詳細な知見が述べられており、この時期に唱導という総合的な表現方法が確立したことがわかる。

聖覚はこの唱導の達人であったとされて、藤原定家の『明月記《めいげつき》』では「濁世《じょくせ》の富楼那《ふるな》」とまで称されている。富楼那とは釈迦《しゃか》十大弟子の一人である。『沙石集《しゃせきしゅう》』にも聖覚の説法の様子が書かれており、それによると「万人袖《そで》をしぼりたりけり」とある。多くの者がその語りに涙を流したのである。

教えを語る

ここで仏教における説法について概観してみよう。

釈迦（ゴータマ・ブッダ）は悟りを開いた当初、自分の教えを理解する者がいるとは思えず、誰にも教えを説かないでおこうと考えた、とされている。しかし、神々からの勧めもあり、また語るべき友にも出会うことで、釈迦は教えを語る。最初の語りを「初転法輪《しょてんぼうりん》」と言う。これ以降、釈迦は生涯かけて教えを説いたのである。

釈迦の弟子には、説法に長《た》けた者も多かった。後世の人は富楼那（プルナ）を説法第一（説法にかけてはナンバーワン）と讃え、賓頭盧《びんずる》（ビンドラ）を獅子吼《ししく》第一（獅子が吼えるほどの威力で語った）と呼んだ。僧侶たちの戒律をまとめた『四分律』には、説法に関する記述も多い。『四分律』は、もともと法蔵部(5)の律であったが、中国や日本の律に最も大きな影響を与えている。あるいは最初期の大乗仏典である『道行般若経《どうぎょうはんにゃきょう》』には、「説法の功徳は計りしれない」と述べられている。法施の思想である。法施は布施行《ふせぎょう》における三施《さんせ》のひとつ。財施・法施・無畏施《むいせ》が三施である。財施とは〝衣食や金品などの物資を施すこと〟、無畏施とは〝怖れを取り除き、怖れを与えないこと〟、そして法施は〝仏教の教えを説き与えること〟だ。説法は布施の実践でもある。

説くべき仏教の教説は、タイプ別に分類されている。初めは九つに分類（九部教）していたが、後に十二に分類（十二部教）された(6)。教説は最初期から節や抑揚をつけて読誦されてきた。口述によって伝えられてきたのである。そして尼陀那《にだな》（因縁物語を使って説く）や阿婆陀那《あばだな》（比喩を使って説く）などの分野が次第に発達して、説法が成熟していくのである。

大乗仏教が興隆すると、さらに説法の重要度は増す。人々に仏伝や仏法を語る営みは、大乗仏教展開の大きな原動力であったと思われる。比喩や因縁話の領域が大きくなっていく。「はじめに」

で紹介した『百喩経《ひゃくゆきょう》』などはその代表的仏典である。

中国に伝わる古代インドの仏典『百喩経』は、短い話が約百話（現存するのは九十八話）掲載されており、ひとつひとつに仏教の教えが添えられている。滑稽な出来事や人の愚行などが題材となっていて、素朴なユーモアも盛り込まれた興味深い仏典である。

たとえば、「巻第一」には次のような話がある。


昔、愚人が他家を訪れた。その家の主人が食事を出したが、味がうすいので口にあわなかった。それを聞いて主人が、味をよくするために塩を加えた。塩が入ると、味がよくなった。

そこで愚人は考えた。

「食物がうまくなったのは、塩のせいだ。少しの塩でこれほどうまくなるのだから、たくさんの塩では、もっとうまくなるだろう」

愚人は無知にも、塩ばかりを食べた。すると口がひりひりしてしまって、かえって、それが彼のわざわいとなった。


これはたとえば、異教徒が、「飲食を節すれば、修行を完成することができる」と聞いて、七日も十五日も断食することのようなものである。いたずらに飢え疲れるばかりで、修行のための、なんの利益にもならない。それはちょうど、さきほどの愚人が、塩がうまいと思って、そればかりを食べて、口をひりひりさせてしまったことと同じである。この異教徒もそれに似ている。

（棚橋一晃訳『ウパマー・シャタカ　百喩経』）

ここで語られている異教徒とは、当時の苦行者を指すのであろう。当時、ジャイナ教やヒンドゥー教の中には極端な苦行で生命をおとす人もいたのである。これに対して仏教は苦行を否定する。ブッダが悟りを開いた後、初めて説いた教えの一部をご紹介しよう。

この時、ブッダは五人の修行者に告げられた。修行者たちよ、出家の道を選んだ者は二つの極端な偏りを避けるべきである。その二つとは何か。

第一の極端な偏りは「欲望と快楽に身も心も支配されてしまうことである」。これは結果的に苦悩を生み出し、崇高な道を歩むことはできない。賢者の道を歩むこともできない。

第二の極端な偏りは「自らを縛りつけ、追い込むことである」。これもまた苦悩を生み出す。崇高な道も賢者の道も歩むことはできない。

本当に安寧なる道を歩むのであれば、この両極端から離れねばならない。中道に目覚めねばならない。私はその道に目覚めた。それは真理を見る眼と智慧と平安へと至る道である。その道は八つの実践からなる聖なる道である。

（『マハー・ヴァッガ』、筆者による意訳）

ここでは快楽にも苦行にも支配されるなという「中道」が語られている。ここで説かれている内容を特に「苦楽中道」と言う。とにかく偏りのある極端な生活はダメだと語られているのである。王族の生活と苦行を経験したゴータマ・ブッダ自身の歩みが投影されているのだ。

仏教では、極端から離れたものを「正しい」と捉える。ここがポイントだ。どんなに正しいとされている思想や行為も、偏ってしまっては間違いだと説く。どんな思想や行為も、常にバランスチェックを怠れば必ず偏ってしまう。このような、仏教が語る「正しさ」はとても魅力的である。ここには「神が定める正しさ／間違い」といった絶対軸がないのである。

このような中道の教えを伝えるのに、『百喩経』の「塩をかけたらおいしかったので、塩ばかり食べる男」の話は、使えそうである。おそらく当時の僧侶は実際に説法においてこのような話をしていたのであろう。つまり、『百喩経』のような経典は（この経は原典がないので、不明の点は多いのだが）、実際に行われていた説法を記した部分が少なくないと思う。

さて、このように物語や比喩を使った説法が発達することで、仏法は庶民の日常へと浸透していく。この点はどこの文化圏でも同じような事情である。日本にも影響をあたえた中国仏教の巨人・釈道安《しゃくどうあん》も、見事な説法ぶりであったらしい。「大意を述べ、転読（この場合は、経典を読誦することを指す）した」と記録がある。そして弟子の慧遠も説法の名手であったという伝承がある。慧遠は前出の「虎渓三笑」によって芸能方面でも知られた傑僧だ。

説教が生み出す文学

日本においても、庶民向けの説法内容と語り技術は僧侶たちによって鍛錬されていった。そしてそれは文学作品も生み出していく。説経（説教）文学などと呼ばれるものである。(7) たとえば『日本《にほん》霊異記《りょういき》』『今昔物語《こんじゃくものがたり》』『沙石集』などはまさに説経文学である。これらを読めば、かつての僧侶たちがどのような説教をしていたのかを類推することができる。

『日本霊異記』を見てみよう。『日本霊異記』は、景戒（けいかい・きょうかい）という僧が書いた我が国最古の仏教説話集である。上中下の全三巻となっており、漢文で書かれている。内容は、五世紀の雄略天皇から平安初期の嵯峨天皇までが年代順に書かれていて、八二二―五年くらいの成立だろうとされている。

景戒という人物は、この書以外の記録が残っていない。『日本霊異記』の序文によれば、もともと私度僧《しどそう》だったようだ。つまり正式な僧侶ではなかったのである。しかし、途中で正式な官度僧《かんどそう》になったと書かれてある。寺には住まず、俗人のように生活して、妻子がいた。身長が低いことに劣等感があったことまで自ら記述している。子どもは何人いたか不明だが、男の子を一人亡くしている。馬を飼い、住居の近くに私的な仏堂を造り、仏像を安置し、管理・運営していた。

『日本霊異記』では神秘的な話や超常現象や怪異現象などが、仏教の悪因悪果《あくいんあっか》・善因善果《ぜんいんぜんか》の法則に沿って述べられている。その手の話を集めた書なのだが、これらを当時の僧侶は庶民に語っていたのである。やはり「生き物を殺して、悪業《あくごう》の報いをうけた話」や「前世の因縁話」などが目につく。「上巻」の第二には、〝狐を妻として子を生ませた男の話〟が出てくる。異類婚姻譚であり、後世語りものの演目として名高い「葛《くず》の葉伝説」を連想させる。また、「上巻」第十二では、〝人や獣にふまれた髑髏《どくろ》が拾われて、恩返しをする話〟がある。僧侶が谷川にあった髑髏を拾い上げたその夜、霊が恩返しにやってくる話である。浄瑠璃「卅三間堂棟木由来《さんじゅうさんげんどうむなぎのゆらい》」や落語「野ざらし」を思い出す。

次の話は「下巻」の第十二である。

奈良の京の薬師寺の東《ひむがし》の辺《ほとり》の里に、盲《めし》ひたる人有りき。二つの眼ながら精盲《あきしい》なりき。観音に帰敬し、日摩尼手《にちまにしゅ》を称念しまつりて、眼の闇を明《あか》さむとしき。昼は薬師寺の正東の門に坐し、布巾《たのごい》を披《ひら》き敷きて、日摩尼手のみ名を称礼《しょうらい》せり。往来の人の、見哀ぶ者《ひと》、銭・米・穀物を、巾《たのごい》の上に施し置く。或いは巷陌《ちまた》に坐して、称礼すること上の如し。日中の時に、鐘を打つ音を聞きて、其の寺に参《ま》ゐ入りて、衆僧に就きて飯《いい》を乞ひ、命活きて数《あまた》の年経たり。帝姫《ていき》阿倍《あべ》の天皇のみ代に至りて、知らぬひと二人来りて云はく、「汝《なんじ》を矜《めぐ》むが故に、我二人《われら》、汝の盲ひたる目を治《おさ》めむ」といふ。左右各治め了《おわ》りて、語りて言はく、「我、二日逕《へ》て、必ず是の処に来らむ。慎《ゆめ》待つことを忘れずあれ」といふ。其の後久しくあらずして、倏《たちまち》に二つの眼《まなこ》ながら明きて、平復すること故《もと》の如し。期《ちぎ》りし日に当りて待つに、終《つい》に復《また》来らざりき。贊に曰はく、「善きかな、彼《そ》の二つの目ながら盲ひたる者《ひと》。現生《げんしょう》に眼を開き、遠く太方《たいほう》に通ず。杖を捨て手を空しくして、能《よ》く見、能く行く」といふ。誠に知る、観音の徳力と盲人の深信となることを。
（中田祝夫全訳注『日本霊異記』）

〔奈良の薬師寺の東の村に盲人がいた。両眼はあいていたが見えなかった。千手観音を信仰し、火玉を持つ手である日摩尼手をたたえ、眼が見えるように祈った。昼は薬師寺の東の門にすわり、布をひらいて敷き、日摩尼手の名をたたえた。往来の人や哀れむ者は、銭や米を布の上に置いた。あるときは道端にすわって、同じようにとなえた。正午になると、鐘を打つ音を聞いて寺にはいり、坊さんたちに食物を乞い、生きながらえて何年間かすぎた。称徳天皇の世になって、見知らぬ二人がきて、「おまえを哀れむがゆえに、われら二人でおまえの眼をなおそう」といった。そして左右の眼をなおして、「二日すぎたら、必ずここにくるから、忘れずに待っていなさい」といった。しばらくして、急に両眼があいて、もとのようになおった。約束した日に待っていたが、二人はついに現れなかった。ほめたたえていえば、次のとおりである。よいことである。盲目の男は、この世で眼があき、遠くの世界を見通せるようになった。杖を捨て、手放しで、よく見、よく歩くことができるようになった。実に観音の力と盲人の信心によるといってよい〕

このように、仏教へ深く帰依《きえ》した者に起こる奇跡譚は、悪を犯してひどい目に遭う話と並んで『日本霊異記』の柱である。どうもこの書がもつ雰囲気は、著者の個性に拠るところが大きいと思う。きっと景戒の語りは、かなり面白かったに違いない。観音への信仰によって眼が見えるようになる話は、「壺阪観音《つぼさか》」や「景清《かげきよ》」など、後世の芸能演目にもしばしば見ることができる。『日本霊異記』が語り芸能や説話文学に与えた影響も大きい。個人的には「吉祥天《きっしょうてん》と性交する男の話」（「中巻」第十三）や「法華経《ほけきょう》を読誦し続けた僧侶が、髑髏になってもその声はやまず、髑髏の舌だけが三年過ぎても腐らなかった」という話（「下巻」第一）あたりが好きである。

『日本霊異記』から四百五十〜六十年後に成立した無住道暁《むじゅうどうぎょう》（一二二七年？－一三一二年）の『沙石集』を見てみよう。『日本霊異記』に比べると、かなり軽妙であり、洗練されている。次に挙げているのは、「巻六」にある「能説坊の説法の事」である。

嵯峨に能説坊と云ふ説経師ありけり。随分の弁説の僧也けり。隣に酤酒家《こしゅか》の徳人の尼あり。能説坊きはめたる愛酒にて、布施物をもて、一向に酒を買ひてのみけり。或時、をきのりて布施物出で来ればやりけり。

此の尼公仏事する事ありて、能説坊を導師に請ず。近辺《ちかきあたり》の物これをききて、能説坊に申しけるは、「此の尼公の一物の酒を売り候に、一の難には、水を入るるによて、思ふほどもなし。今日の御説法の次《ついで》に、酒に水入れて売るは、罪なるよし仰せられ候へ。我等が為も然る可《く》候なん」と云《い》ふ。

能説坊、「各《おのおの》の仰せられぬさきに、法師も存じて候ぞ。日来《ひごろ》の本懐申し開くべし」とて、仏教の釈は只大方計《ばか》りにて、酒に水入るる罪障をかんがへ集めて、少々なき事まで、こまやかに思ふ程いひけり。

さて説法をはりて、尼公其の辺の聴衆まで呼びて、大なる桶に、たぶらかに酒を入れて、とり出てすすめけり。能説房一座せめて、盃とりあげて呑《のみ》けり。此の尼公「あさましく候ける事哉。酒に水入るるは罪にて候ひけるを、しり候はで」と云ひければ、「水のすこし入たるだにもよき酒也。今日いかに目出からむ」と、おもふ程に、能説房、「ああ」と云ひければ、「いかによかるらむ。感ずる音《こえ》か」と、聞くほどに、「日来はちと水くさき酒にて候に、これはちと酒くさき水にて候はいかに」と云ひければ、「さも候らむ。酒に水入るるは罪ぞと仰せられ候つる時に、これは、水に酒を入れて候」とて、大なる桶に水を入れて、酒を一鍉《ひさげ》ばかりぞ入れたりける。此の尼公興懐にしたりけるにや。又あしく心えたりけるにや。

（渡邊綱也校注『沙石集　上』をもとに、読みやすく改めた）

〔嵯峨に能説坊という説経師がいた。とても弁説に優れた僧だった。隣に酒を売る店を営む金持ちの尼僧がいた。能説坊はとても酒好きだったので、お布施でひたすらに酒を買って飲んでいた。ツケで酒を買い、お布施が入ると支払う時もあった。

この尼僧が仏事を営むことになって、能説坊に導師を依頼した。近所の者がこれを聞いて、能説坊に、「あの尼僧さんは逸品の酒を売るのですが、ひとつ難点があります。水を入れておられるため、思ったよりおいしくないのです。今日の御説法のついでに、酒に水を入れて売るのは罪であることを、丁寧にお説きください」と言う。みんなも「我々のためにもぜひお願いします」と言う。

能説坊は「みんなが言うまでもなく、私もよくわかっております。今日こそは、日ごろの思いをみっちりと言おう」と応えた。仏教の教えを説くのは大雑把にして、酒に水を入れることが罪業である教えを考えられる限り集めて、少々仏法にないことまで付け足し、思いを語った。

さて、説法が終わると、尼僧はそのあたりの聴衆を呼んで、大きな桶に酒を入れて、取り出して勧めた。能説坊も一座に勧めながら、盃をとって飲んだ。尼僧はこれまでを悔いて、「これまでは、とてもあさましいことをしておりました。酒に水を入れるのが、罪であることを知らなかったので」と言った。「水の少し入ったものでもあれほど味の良い酒なのだから、水が入っていない今日は、どれほどおいしいのであろうか」と思いつつ、能説房が一口飲んで、「ああ」と声を挙げたので、みんなは「なんとおいしいのであろうか」という感嘆の声かと思った。しかし、能説坊は、「日ごろは、少し水くさい酒でしたが、これでは、ちょっと、酒くさい水ではありませんか。どうしたことでしょう」と言った。尼僧は少しもあわてず、「そうでしょう。御坊が酒に水を入れるのは罪であるとおっしゃったので、今回は水に酒を入れました」と、すましている。

この日は、大きな桶に水を入れて、酒をひさげ（小鍋型の銚子）一杯分入れただけであった。この尼僧は冗談でやったのだろうか、それとも心得違いをしたのだろうか」

次はこんな話を取り上げてみる。「巻八」の「児《ちご》の飴《あめ》くひたる事」である。

或る山寺の坊主、慳貪《けんどん》なりけるが、飴を治して只一人くひけり。よくしたためて、棚に置き置きしけるを、一人ありける小児にくはせずして、「是は人の食ひつれば死《しぬ》る物ぞ」と云ひけるを、此の児、あはれくはばやくはばやと思ひけるに、坊主他行の隙《ひま》に、棚より取りおろしける程に、打こぼして、小袖にも髪にも付たりけり。

日来《ひごろ》ほしと思ひければ、二三坏よくよく食ひて、坊主が秘蔵の水瓶《みずがめ》を、あまだりの石に打あてて、打破《うちわり》ておきつ。

坊主帰りたりければ、此の児さめほろと泣く。「何事に泣くぞ」と問へば、「大事の御水瓶を、あやまちに打破て候時に、いかなる御勘当かあらむずらむと、口惜覚《くちおしくおぼえ》て、命生《いき》てもよしなしと思ひて、人のくへば死と仰せられ候物を、一坏食へども死なず、二三盃までたべて候へども大方死なず。はては小袖に付《つけ》、髪に付て侍れども、未《いまだ》死候はず」とぞ云ひける。

飴はくはれて、水瓶はわられぬ。慳貪の坊主得る所なし。児の智恵ゆゆしくこそ。学問の器量も、無下にはあらじかし。（前掲書）

「ある山寺の坊主は、とてもケチであった。飴を作って一人で食べていた。十分に管理して、そのつど棚に置いていた。一人いた手伝いの子どもに食べさせないで、「これは人が食べると死んでしまう物である」と言う。子どもは「ああ、食べたい、食べたい」と思っていたところ、坊主が用事で出かけたすきに、棚より取り下ろした。こぼしてしまい、着物にも髪にもついてしまった。

普段から食べたいと思っていたので、二〜三杯しっかりと食べてから、坊主の秘蔵の水瓶を、雨垂りの石に打ちつけて、割っておいた。

坊主が帰ってきたところ、この子どもはさめざめと泣く。坊主が「どうして泣いているのか」と問うと、「大切な御水瓶をあやまって割ってしまいましたので、どれほどの叱責をうけるのだろうかと、悔やんで、生きていても仕方がないと考え、人が食べれば死ぬとおっしゃっていた物を一杯食べましたが、死にません。二〜三杯まで食べたのですが、まったく死なない。ついには着物につけたり、髪につけたりいたしましたが、いまだに死ぬことができません」と言った。

飴は食べられて、水瓶は割られてしまった。ケチな坊主は何も得ることがなかった。この子の知恵は大変すばらしい。学問の才能もあったに違いない」


よく頓智話《とんちばなし》（頓智も仏教用語）にある内容だ。著者の無住という僧侶は博学多才であったとされる。無住は「尾張萬歳《まんざい》を始めた人」という伝承まであるのだ（！）。無住は村人たちに『法華経《ほけきょう》』をやさしく説くために萬歳を考案したという。現在に伝わる萬歳の形態は、宗教者と芸能者とがひとつになったものである。まるで本書のテーマをそのまま具現しているかのようだ。

今日では〝しゃべくり〟による漫才がおなじみになっているが、そのルーツは祝福芸の萬歳である。尾張萬歳や三河萬歳がよく知られているが、秋田萬歳、会津萬歳、越前萬歳、大和萬歳、伊予萬歳など各地で発達した。多くは太夫《たゆう》と才蔵《さいぞう》のコンビとなっていて、太夫は烏帽子《えぼし》と素襖《すおう》というでたちで扇子《せんす》や舞扇《まいおうぎ》をもつ。この人が祝福を言上する宗教者役である。一方、才蔵は鼓や鉦《かね》を使って、おどけたり、突っ込みを入れたりする。こちらは芸能者そのものである。なんと興味の尽きない形態であろうか。

二人は歌ったり語ったり舞ったりし、互いに掛け合いを繰り返しながら、祝福の場をクリエイトする。その中の〝掛け合い〟が主となったのが現在の漫才である。昭和の時代あたりまでは、まだ音曲の要素をもつ漫才が残っていたが、これも見かけなくなった(8)。

唱導二派の影響

『枕草子』第三十一段には、説教についての記述がある。

説教《せきょう》の講師《こうじ》は、顔よき。講師の顔をつとまもらへたるこそ、その説くことのたふとさもおぼゆれ。ひが目しつれば、ふと忘るるに、にくげなるは、罪や得《う》らむとおぼゆ。このことはとどむべし。すこし年などのよろしきほどは、かやうの罪得方《えがた》のことは書き出でけめ、今は罪、いとおそろし。

（松尾聡ほか校注・訳『新編日本古典文学全集(18)　枕草子』）

〔説教の講師は、顔の美しい人がいい。講師の顔をじっと見つめていればこそ、その人の説くことの尊さも自然に感じられるのだ。さもないと、よそ見をしてしまうので、たちまち説教も聞き忘れるから、にくらしい顔の説教師の話を聞くのは、おそらく罪を犯しているのだろうと感じられる。このことは書かないでおこう。もう少し年が若いころは、こうした罪を得るような筋のことも書き表しただ

ろうが、今の私のような歳では、仏罰がたいへん恐ろしい〉

「説教の講師は美男がいいんだが……」などと書きつつも、「いやいやもう仏法をそしる罰がおそろしい歳だから、こういうことは書かないでおこう」としている。説教が娯楽的な要素を内包していることがわかる。

ここに出てくるような講師と呼ばれるのは、仏前において高座《こうざ》へと上がり仏教の教えや経論釈を説く僧侶である。講師の多くは修学僧だ。修学僧は経論を学び研究して、講義をするのだ。

これに対して、もっと民衆にわかりやすくおもしろおかしく、笑わせたり、泣かせたりする説教僧が登場する。説教僧は、語りを工夫し、時には節を付け、時には演技して、時には歌った。今日、浄土真宗の説教技法である「節談《ふしだん》説教」がよく知られているが、節をつけて仏法を語るスタイルは、説法の最初期からあったのだ。

このような説教僧の様子を、虎関師錬は次のように批判している(『元亨釈書』巻二十九「音芸志」)。

謟譎《とうけつ》交々《こもごも》生《な》つて変態百出《ももい》づ。身首《しんしゅ》を揺《うご》かし音韻《おんいん》を婉《ま》げ、言、偶儷《ぐうれい》を貴び、理、哀讃《あいさん》を主とす。

〔説教僧は、庶民にへつらい、いつわりを述べ、さまざまと形態を変える。身体を揺すり、節や抑揚を使い、かざりたてた言葉を重視し、感傷的な話を軸としている〕

修学僧たちから見れば、説教僧は「みっともない」「なんと下品な」「大衆におもねっている」と見えたのである。なんだあの芸能まがいの説教は、けしからん！といった具合だ。

しかし、実際に庶民の仏教的感性を育んでいったのは、説教僧の大衆的な語りだったのである。また、説教僧の語りは次第に高度なものとなっていき、ついには唱導二派と呼ばれる系統が成立する。「安居院流」と「三井寺派」である。このうち、安居院流の唱導こそ、日本の語り芸能の母体となるのだ。

まず三井寺派であるが、『元亨釈書』に「定円《じょうえん》という者がいて、園城寺（三井寺）の僧侶であった。説教が上手で、一家を成した」とある。しかし、定円に関しては資料も乏しく、よくわからない。『拾玉集《しゅうぎょくしゅう》』や『願文集《がんもんしゅう》』に少し記載があることや、『太子曼荼羅講式《たいしまんだらこうしき》』が定円の作と伝えられる程度である。関山和夫によれば、三井寺派は安居院流に吸収される形で姿を消したとのことである。ただ、後世の「説経節」が三井寺派の系統に属するのではないかとも言われる。というのも、三井寺に属していた関蟬丸《せきせみまる》神社が、琵琶法師や説経を語る芸能者などの拠点であったからだ。説経節については次章で述べようと思う。

一方の安居院流は、藤原通憲《みちのり》（信西《しんぜい》入道）の子である澄憲から始まる。澄憲は天台僧として早くから才能を発揮し、弁舌に優れた人であった。法印となった後は、京の安居院に住し、そこで家庭をもっている。『古今著聞集』には、奈良坂を行く澄憲を襲った賊が、澄憲の説教で懺悔し出家にいたった話が載っている。この澄憲の第三子が聖覚である。聖覚は安居院の法印と呼称され、法然の弟子としても名高い人物だ。親鸞《しんらん》が心から尊敬した兄弟子であり、聖覚の著書『唯信鈔《ゆいしんしょう》』をよく読むようにと人々に勧める親鸞の手紙も残っている。親鸞は『唯信鈔』の論説本『唯信鈔文意《もんい》』も著している。聖覚は父・澄憲と肩を並べるほど、説教の才に恵まれていた。浄土宗では聖覚を「説法義の祖」と呼んでいる。この澄憲・聖覚から端を発した説教の流れ（聖覚以降は、隆承・憲実・憲基と続く）が安居院流だ。天台宗の説法をベースに、浄土宗・浄土真宗において伝承と発展を遂げていく。本書でも取り上げる節談説教も、この系譜上に位置づけることができるのだ。関山和夫の言葉を借りると、「とにかく、今日われわれがいう『説教』の基礎は安居院流の澄憲・聖覚、三井寺派の定円によって開かれ、説教師が流派を立てるという特筆すべき業績を残したのである」となる（『説教の歴史的研究』）。

近代になって確立する浪曲は、日本語り芸能のひとつの頂点であると考えられるが、その大成者・吉田大和之丞《やまとのじょう》（一八七九年―一九六七年）は「わしらの先祖は澄憲さんや」と語っていたらしい。吉田大和之丞は、自分たちの話芸の源流に説教があることを自覚していたのである。

第三の要素「延年」

今日においては、仏教といえば葬儀・法事・墓などの死者儀礼、あるいはお盆や彼岸の行事、そして念仏・題目などの講などをイメージすることだろう。しかし、奈良時代の仏教は学問・研究と鎮護国家を中心とした大勢の僧侶による儀礼こそが主たる役割であった。前述したように、この時期の大きな仏教行事は法会と言われ、「梵唄（声明）」と「説法」の二大構成要素があった。しかし、この二つだけではない。法会の後には、「延年《えんねん》」が行われたのだ。いわば第三の要素である。興福寺の維摩会《ゆいまえ》などは国内最大級の年中行事であり、延年も大掛かりなものであった。

延年は法会後の娯楽会である。延年の担い手は、僧侶や衆徒や稚児《ちご》だった。大きな寺院には衆徒が大勢いた。衆徒は寺院に所属する信徒であり職員でもあり、寺院の運営・手伝いを行う。やがては僧兵的な存在にもなった。また、稚児は古来、神事に奉仕する児童であったが、寺院や公家などに召し使われる少年を指すようになった。延年では、僧侶が滑稽な劇を演じ、衆徒が語り、稚児が舞うなど、さまざまな芸能が行われた。

資料によれば、延年において、〝白拍子《しらびょうし》〟と呼ばれる歌舞があり、滑稽な言葉をならべる〝開口・当弁〟（これは維摩会の問答のパロディなどをやったと思われる）、演劇としての〝連事《つらね》・風流《ふりゅう》〟などが行われていたことがわかる。今日でもわずかながら延年が残っていて、毛越寺《もうつうじ》の延年などはよく知られている。

また、狂言という用語の初出も、延年の資料で確認されている。延年は後世の能楽成立にも大きな影響を与えていたのである。ともかく日本仏教は、初期から宗教儀礼とともに芸能の場を設けていたのである。

限界状況における宗教と芸能

宗教と芸能の両輪が回っているのは、とても望ましい状態だと思う。成熟した文化と、豊かな宗教性がなければ成り立たない。しかもこの二領域は、互いに相反する性質も持ち合わせている。宗教というのは歩みが進むにつれて自分自身の軸が明確になり、死生観や価値観などが定まっていく方向性をもつ。つまり次第に濃密に凝縮していくのだ。ところが、芸能というのは開放・拡散の性格をもつ。特に庶民の芸能は、権威や体系を揶揄《やゆ》し、笑い飛ばす。ロゴスよりもパトスへと重心をおく。宗教が説くような立派な生き方ができない者のパトスを表現してみせ、観客を笑わせ、泣かせるのである。

また、宗教は信じる者と信じない者との垣根をつくる。これは宗教という領域の特性である。垣根もできないような宗教では、救いもない。一方、芸術や芸能や音楽は、やすやすとその垣根を越える。信じていようがいまいが、その場での共振現象を生み出すのである。

そしてこの二領域は、限界状況において人間の生と死を根底から支えるようである。ヴィクトール・E・フランクルが、その著『夜と霧』で次のように述べている。

突然、仲間がとびこんで、疲れていようが寒かろうが、とにかく点呼場に出てこい、と急きたてた。太陽が沈んでいくさまを見逃させまいという、ただそれだけのために。(中略)

わたしたちは数分間、言葉もなく心を奪われていたが、だれかが言った。
「世界はどうしてこんなに美しいんだ！」
収容所の芸術、そんなものがあるのだろうか。（中略）
歌が数曲、詩が数篇。収容所生活を皮肉ったギャグ。すべてはなにかを忘れるためだ。
実際、こうしたことは有用なのだ。
（池田香代子訳）

精神科医・フランクルはナチスによって強制収容所に収容された。強制収容所という極限状態においても、宗教性や芸術性や芸能性に触れれば「明日も生きよう」という思いになるというのである。

収容所がどんな場所であるのか、フランクルは詳述している。そして精神科医らしく、限界状況へと至る人間の精神を克明に記している。収容された初期段階では、人は「恩赦妄想」（結局、赦されるのではないか）に支えられるらしい。もしかすると何か急な展開があって、助かるかもしれないといった妄想である。しかし、恩赦妄想は長く続かない。希望を妄想することで自分を支えるなど、ほんの一時のことであるらしい。人は絶望の中でジワジワと現実を受け入れ、慣れていく。これまでの人生をすべてなかったことにして、現実に適応しようとしていく。

次の段階として、「内面の死」がある。正常な感情が喪失していく。さっきまで話していた人物が、真横のベッドで息絶えたにもかかわらず、何の感情もわかない。もはや精神が死んだような事態である。そして、そんな自分にただただ嫌悪感・劣等感をもつ。自分自身の存在に意味はあるのか……。ここにおいて、根源的な祈りと問いが浮上するとフランクルは語る。宗教性の問題である。その一方で、収容所における限界状況の中、夕日、詩、笑い、それが生を支えたというのだ(9)。驚くべきことではないか。フランクルは、厳しい状況を生き抜いた者は、必ずしも頑健な身体や強靭な精神をもった人物ではなかった、と述べている。過酷な状況の中で、夕陽の美しさに感動したり、歌や詩を創ったり、ジョークで笑い合うような人が生き残ったというのである。

我々はあらためて宗教と芸能の両輪が回ることの重要性を確認していかねばならない。

［注］

（1）**法会**　広義には法要・仏事全般を指すが、狭義には法華会《ほっけえ》・最勝会《さいしょうえ》・維摩会《ゆいまえ》などの特定の法要を言う。奈良仏教では「法会」という用語を使っていたが、その後は「法要」が一般的になる。

（2）**虎渓三笑**　慧遠は俗世から離れるため、決してここから出ないと禁足の誓いを立て、廬山《ろざん》に隠棲していた。そこへ友人の道士・陸修静《りくしゅうせい》と詩人・陶淵明《とうえんめい》が訪ねて来る。二人が帰る際に、慧遠は見送るのであるが、つい談議に熱中してしまい、禁足の境界を越えてしまう。そのことに気づいた三人は大笑いをしたという故事。

（3）**十二律**　声明、雅楽、俗楽などで用いられる音律。一オクターブを十二の半音に分け、基音を壱越《いちこつ》として、断金《たんぎん》、平調《ひょうじょう》、勝絶《しょうせつ》、下無《しもむ》、双調《そうじょう》、鳧鐘《ふしょう》、黄鐘《おうしき》、鸞鏡《らんけい》、盤渉《ばんしき》、神仙《しんせん》、上無《かみむ》と名づけられている。

（4）**五音**　宮《きゅう》・商《しょう》・角《かく》・徴《ち》・羽《う》の五つの音階音のこと。五声ともいう。

（5）**法蔵部**　上座部の系統から生まれた部派仏教の一派。大乗仏教的な思想も内包していたと考えられる。中央アジアから東アジアにかけて影響を与えた。

（6）**九部教**　一．修多羅《しゅたら》（教説を直接的に散文で説いたもの）。二．祇夜《ぎや》（偈頌《げじゅ》）（散文の内容を韻文で重ねて説いたもの）。三．問答・記別《きべつ》（釈迦と仏弟子たちとのやり取りや、仏弟子の未来について述べたもの）。四．伽陀《かだ》（これも韻文であり詩の形式であるが、散文を重ねて説いたものではなく、最初から独立して韻文で述べたもの）。五．優陀那《うだな》（誰かの要請によって説かれたのではなく、釈迦がみずから進んで説いたもの）。六．如是語《にょぜご》（仏弟子の過去世の行為を述べたもの）。七．本生《ほんしょう》（釈迦の過去世の物語）。八．歓《かん》喜《ぎ》・方広《ほうこう》（広く深い意味を説いたもの）。九．未曽有法《みぞうほう》（釈迦における神秘的な事柄や功徳を述べたもの）。これに、十．尼陀那（因縁話や説話や物語を説いたもの）、十一．阿婆陀那（教えを比喩でわかりやすく説いたもの）、十二．優婆提舎《うばだいしゃ》（教説を解説したもの）が加えられて、十二部教となった。

（7）折口信夫は、説経文学といった呼称ではあまりに仏教中心となってしまうので、唱導文学と名づけることで神道系の文献も含めて考察しようとした。

（8）ちょうど移行期の萬歳や漫才の音源を集めたCDが、一九九六年に大道楽レコードから発売されている。『萬歳から漫才へ　ルーツ篇』というもので、なかなか貴重である。

（9）このような経験を基盤として、後年、フランクルのロゴ・セラピーは大きく花開くことになる。フランクルは人間にとって「意味」がどれほど重要であるかを知っていた。だから、「その人にとっての意味」がうまく機能すれば、人は限界状況でも見事に生きていくというのである。逆に、すべての意味が奪われれば、人は生きていくことがとても困難になる、といえる。

第三章　日本仏教と芸能

少し日本芸能について概観してみよう。とはいえ芸能の歴史・系譜は多岐にわたる。ここでは、本書の主題である「仏教と落語」に必要だと思われる部分を追っていこう。

散楽、猿楽、田楽、そして勧進興行

伎楽《ぎがく》や舞楽《ぶがく》とともに「散楽《さんがく》」が渡来している。儀礼性よりも娯楽性の高いもので、俗楽《ぞくがく》・雑芸《ぞうげい》である。散楽は五種類に大別できる。

(1) **モノマネやお笑い**　独《ひとり》相撲のようなコント。さまざまな階層のモノマネ。かけあい、やり取りで笑わせる。

(2) **舞踏**　舞楽のように資料が残っていないが、侏儒舞《ひきひとまい》や蜘蛛舞《くもまい》といったテンポの速い舞踏の原型だと言われている。

(3) **曲芸・軽業《かるわざ》** ジャグリングや梯子《はしご》のりなどのアクロバット。また猿回しもやっていた。

(4) **奇術・幻術** マジック、イリュージョン。馬を消したり、胴体を切るなどの大掛かりな技もあったようだ。

(5) **傀儡** 人形遣い。かいらい、くぐつ、でくまわしなどと呼称される。

この散楽が、やがて舞踏や演劇の性格が強い猿楽《さるがく》へと展開する。猿楽は散楽とともに平安時代中期頃から登場した。〝さん〟という発音と、〝さる〟とが近接していたことや、舞楽のしぐさから猿楽と呼ばれるようになったようだ。[1] やがて鎌倉時代になると、モノマネや滑稽といった要素が加えられて猿楽が成熟していく。職業的な猿楽者の記録としては、藤原明衡《ふじわらのあきひら》の『新猿楽記』がある。それによると、猿楽には呪師《のろんじ》[2]、侏儒舞、傀儡子《かいらいし》、唐術、品玉《しなだま》、独相撲、琵琶法師、千秋萬歳《せんずまんざい》などのバリエーションがあった。人々がとても楽しんだ様子も記述されている。

一方、農業の場で行われた宗教儀礼として「田楽《でんがく》」があった。田楽は、ささら・太鼓・笛・鉦《かね》などを使って、華やかに行われた。今日においても、「花田植」や「大田植」などでその形態は伝承されている。田植えの際の歌舞は、「田舞《たまい》」の系統であり、もともと民間の歌舞だったが、七世紀に宮廷の舞楽・雅楽に取り入れられた。田楽は、田楽法師と呼ばれる専業芸能者が担当するようになる。これは僧形の芸能者である。日本の芸能を考える上で、この「僧形の芸能者」は常に念頭におくべきポイントであると思う。田楽法師は、田楽歌や田楽踊りに加えて、群舞や高足と呼ばれるアクロバティックな芸や品玉（マジック）も行った。そしてこの僧形の芸能者は、「勧進興行《かんじんこうぎょう》」にも関わったのである。

勧進興行というのは、勧進の際に行われる演芸興行である。人々を教化《きょうけ》して仏道へと導くことを勧進と言う。また、寺院の造営や修復、架橋や道路建設などのために寄進を勧めることも勧進と呼ばれる。

歌舞伎の演目で有名な「勧進帳」は、義経・弁慶一行が勧進僧（浄財を集めるために各地を回る僧）に扮して関所を通ろうとする筋立てになっている。そして弁慶は延年《えんねん》の舞を舞う。大きな勧進が行われる際は、勧進のための法要や演芸興行が催されたのである。

日本仏教と能楽との関係

今日の能楽も、もともと勧進劇という側面をもっていた。世阿弥は興福寺維摩会《ゆいまえ》における延年が能楽のルーツのひとつであると考えている。維摩会は、初期の日本仏教においては最も重要な法会であった。今日の奈良仏教では、維摩会よりも、修二会《しゅにえ》がよく知られている。関西に春を告げる東大寺のお水取りも修二会の中の行事である。この修二会では、悪鬼・邪神を防ぐための「咒師《しゅし》」による走りが行われる。鈴をならしながら、あるいは刀を持って、「走り」と呼ばれる所作で須弥壇《しゅみだん》を回るのであるが、この動きなども猿楽へと取り入れられたという。現在でも、春日大社で踏まれる「翁《おきな》」の前に、「咒師走りの儀」がある。

能は、鎌倉時代後期から室町時代初期に完成した日本の芸能であり、現役の舞台演劇としては世界最古である。江戸時代以前には「猿楽」と呼ばれていた音楽劇であり、仮面劇である。また、憑依《ひょうい》型芸能の性格を色濃く残しており、宗教文化研究から見ても注目すべき点が多い。世界に冠たる舞台芸能である。能はさまざまな要素が織り込まれており、田楽や中国の舞や念仏踊りなどが基盤にある。

本来、猿楽とは祝禱《しゅくとう》芸能の性格が強く（これを翁猿楽と言う）、娯楽的要素は二次的なものだった。(3)それが芸能として高度に洗練されていって能楽へと変遷していく。現在の能楽は、シテ方とワキ方(4)(5)と狂言方による歌舞、囃子方《はやしかた》、地謡《じうたい》で構成されており、役謡《やくうたい》と地謡が謡曲《ようきょく》を謡《うた》う。単独で歌われるのを「謡《うたい》・素謡《すうたい》」とも言う。中世に成立したものであるが、謡曲は安土桃山時代から江戸時代にかけて大流行した。

能は現在能《げんざいのう》と夢幻能《むげんのう》に大別されている。現在能とは、現在進行しているように演じられるドラマのような能（劇能）である。先ほどふれた歌舞伎の「勧進帳」の原型となる「安宅《あたか》」は、一行が関所を抜けるドラマとなっている。こういった形態が現在能だ。これに対して夢幻能は、死者の語りや異界の者の語りが中心となる。典型としては、旅の僧（ワキ）が、死者（シテ）の語りに耳を傾けるというスタイルがある。死者が主役となる演目が多いのも、能の特性であるといえよう。第八世・観世《かんぜ》銕之丞《てつのじょう》（一九三一年—二〇〇〇年）は、夢幻能の大きな特徴として「死者の世界からものを見る」という根本的な構造を指摘している。

夢幻能の形態を完成させたのは、室町時代初期に登場した天才・世阿弥である。世阿弥の父・観阿弥は、興福寺の庇護にあった大和猿楽四座のひとつ結崎座《ゆうざきざ》の役者であった。(6)世阿弥は、近江《おうみ》猿楽の犬王(道阿弥)の影響を受け、田楽座の一忠《いっちゅう》や亀阿弥《きあみ》(7)などにも眼を向けて、もともと歌謡的な芸に曲舞《くせまい》や語り物の性格を導入した。

世阿弥は能役者としての才能を発揮するとともに、先駆的な芸能論を展開した。世阿弥の立論は、世界の芸能史においても注目すべき内容である。たとえば、「この芸とは、衆人愛敬《しゅうにんあいぎょう》を以て、一座建立の寿福とせり」(『風姿花伝』)と書き残している。つまり、その場が渾然一体となる境地を樹立する喜びが芸能の目指す境地だと言うのである。その場に身をおく者たちすべてが感応道交《かんのうどうこう》する、それはまさに芸能が生み出す宗教性の領域だ。

また、注目すべき点は「座」の成立である。田楽では早くから座の組織ができていたようだ。猿楽の座(専業芸能者集団)は、十三世紀あたりに発生したと思われる。紀州、近江、大和の座がよく知られている。さらに丹波、摂津、伊勢、宇治、伊賀などにも猿楽の座ができる。これらの座は興福寺などの大寺院に所属していた。つまり、寺院がプロダクションのような役割を果たしていたのである。だからこそ、能には仏教思想が投影されている。特に観阿弥・世阿弥以降は、その傾向が強まったのではないだろうか。「阿弥(=阿弥陀仏《あみだぶつ》)」と名前に付けるのは、もちろん浄土仏教系統である。特に時衆(時宗)系の人たちは芸能と密接であった。また、室町時代は臨済禅《りんざいぜん》が発達した時代なので、能のストーリーにはその影響が強い。

さらに、複式能のように前場《まえば》と後場《のちば》と分ける構造は、唯識《ゆいしき》の影響ではないかと思う。唯識は、表層的な意識と深層意識についての理論を構築した学派である。まるで精神分析のようなところがある。そして興福寺は唯識を学ぶ寺院なのだ。たとえば、「卒都婆小町《そとばこまち》」のように、前場は仏教思想を語った老婆が、後場では抑圧されていた内面が表出し、狂乱の姿を見せるといった構図。唯識的である。

歌う念仏・踊る念仏

近世の芸能へと話を移行する前に、歌う念仏・踊る念仏について言及したい。日本において仏教と芸能といえば、やはりこの部分にふれないわけにはいかない。

念仏は、初期仏教においては「仏の徳を心に強く念ずる」という実践であった。これが大乗仏教になると、「仏の姿を観る（見仏・観仏）」といった宗教体験の意味合いが強くなる。仏を観て、仏と一体となること（三昧《さんまい》）を目指す。これに対して、日本仏教では「仏の名を称《とな》える（称名《しょうみょう》念仏）」という念仏が大きく展開する。つまり、観想念仏と称名念仏が念仏の二大要素となる。しかし、それだけでない。日本仏教における歌う念仏・踊る念仏を見落としてはいけない。

もともと念仏には歌ったり節《ふし》を付けたり、また複数で合誦《ごうじゅ》する要素があった。五来重《ごらいしげる》はこれを詠《えい》唱《しょう》念仏と名づけているが、うまい表現である。

まず注目すべきは円仁《えんにん》の引声《いんぜい》念仏である。念仏を称える時、抑揚をつけてゆるやかに発声するのである。円仁が中国の五台山から伝え、天台宗の常行三昧堂《じょうぎょうざんまいどう》で行われるようになった。常行三昧とは、不眠不休、飲まず食わずで、ひたすら念仏しながら堂内を巡り続ける行法である。堂内を巡る際、本尊である阿弥陀仏の後ろ（後戸《うしろど》）にまわった時に、跳ね踊る、脈略なく経典を読誦《どくじゅ》する、などの行為が始まることもある。「天狗《てんぐ》おどし」と呼ばれたそうである。これが後戸で行われる猿楽へとつながった。(8) 本尊の後戸と、芸能の発生。これも本書のテーマそのものである。

歌う念仏を日本仏教において花開かせるのが良忍《りょうにん》の融通念仏である。これについては第二章で少し述べた。良忍は「一人一切人、一切人一人、一行一切行、一切行一行、是名他力往生、十界一念、融通念仏、億百万遍、功徳円満」という偈《げ》を残している。融通念仏は、称名念仏の歩みを前進させただけでなく、歌う念仏の可能性を拡大させた。

この融通念仏とは別の角度で展開するのが歓喜踊躍《かんぎゆやく》念仏である。つまり踊る念仏だ。阿弥陀仏による救済の喜びを表現する。歓喜踊躍念仏は空也を祖とする空也僧たちによって展開した。京の空也堂を中心として集まり、妻帯して、茶筅《ちゃせん》作りなどで暮らし、鉦を叩きながら念仏を称えて踊る。歌念仏に合わせて踊り、救済の喜びを表現し、エクスタシーへと至るのだ。彼らは鉢敲《はちたたき》とも呼称された。

踊り念仏でよく知られる一遍は、もともと融通念仏（歌う念仏）からスタートしたのであるが、やがて歓喜踊躍念仏（踊る念仏）へと歩みを進めた人である。また、一遍に禅の印可を与えた心地《しんち》覚心《かくしん》（法燈国師《ほうとうこくし》）も注目すべき人物である。この人は中国から普化宗《ふけしゅう》の僧侶四名を連れて来たという伝承がある。普化宗は江戸時代に虚無僧《こむそう》（梵論師《ぼろんじ》）の集団となり、その後、明治政府によって解体された。宋《そう》において禅と念仏とを一致させる仏教を学んだ心地覚心は、禅・念仏・芸能を横断する勧進聖《かんじんひじり》集団のリーダーでもあったようだ。

ともかく、歌う念仏や踊る念仏は、日本の死者儀礼に大きな影響を与えるとともに、芸能の母体ともなった。折口信夫は「平安末以降の芸能で、踊り念仏の影響を受けていないものはない」と述べている。この場合の「踊り念仏」は、歌う念仏と踊る念仏とが融合した形態を指している。

また、歓喜踊躍念仏と、融通念仏とが融合して生まれた芸能に、大念仏狂言がある。現在の大念仏狂言の演目はほとんど無言劇であるが、これはもともと全員が念仏の合誦をしていたために、セリフがなくなったのであろう。

大念仏狂言は、十万上人と呼ばれた道御《どうぎょ》（円覚上人《えんがく》、一二二三年－一三一一年）が始めたと言われている（実際にはもう少し後年の成立であろう）。道御は賦算札《ふさんふだ》（南無阿弥陀仏《なむあみだぶつ》と書いた札）を配り、十万人配るごとに「大念仏法会《だいねんぶつほうえ》」を開いた。ついには百万人もの人々に配布したので、十万上人や百万上人などと呼ばれた。能に「百万」という演目がある。これは、道御の物語から生まれた猿楽「嵯峨物狂《さがものぐるい》」（観阿弥作）を、世阿弥が改作したものだ。清凉寺の大念仏会で、生き別れの母子が再会するストーリーとなっている。「百万」の中にも、歌う念仏と踊る念仏による宗教的熱狂が描かれている。

大念仏の法会は日本各地で盛んに行われた。それが今日で言うところの民俗芸能や郷土芸能を生み出す基盤となる。

説教の展開と語り芸能

いよいよ説教と語り芸能へと話を進める。

日本仏教の説教が発達すると同時に、語り芸能も高度になっていく。中には説教がダイレクトに芸能へと変貌したものもある。まずは説教系芸能の代表として、「絵解き」と「説経節」を取り上げよう。

そして、続いて講談と浪曲《ろうきょく》にふれる。この二つは現在でも生き生きと活躍する伝統的語り芸能である。

■絵解き

現在、すでに芸能の領域ではほとんど見ることができず、寺院の方で残っている「語り技法」に「絵解き」がある。このような事態はめずらしいと思う。多くの場合は、「もともとは仏教と縁が深いものであったが、その後、芸能に成った。すでに寺院の方には残っていない」か、「今なお、仏教の方にも芸能の方にも見ることができる」か、「すでに寺院にも芸能にも残っていない」かのいずれかである。一旦芸能化したにもかかわらず、寺院の方にだけ残っているようなものというのは、絵解きの他に思い浮かばない。

世界に目を向けると、絵解きの形態は各地で見ることができる。インドにも「絵巻（ポト）」を持ち歩き歌による門付《かどづけ》を行う放浪絵巻師「ポトゥア」がいる。他にも、インドネシアのワヤン・ベベール、イランのパルダー・ダーリー、ブータンのタシゴマンなどがある。いずれも歌や器楽、踊りなどを伴う芸能的なものであり、宗教儀礼性もある。

キリスト教においても、教会のステンドグラス、彫像、絵画を使った解説は行ってきた。カトリックで盛んなのであるが、それはカトリック文化圏の方が識字率が低かったからだとも言われている。

仏教における絵解きの起源は古い。すでに紀元前一世紀あたりには、石窟寺院の壁のレリーフやフレスコ画に、釈迦《しゃか》の本生譚《ほんしょうたん》（ジャータカ）や仏伝図が描かれており、それを使った説法が行われていたと思われる。たとえば、「四大事《しだいじ》（釈迦の誕生、降魔《ごうま》、転法輪《てんぼうりん》、涅槃《ねはん》）」や「八相図《はっそうず》（四大事に加えて、『アシタ仙人の予言』『四門出遊《しもんしゅつゆう》』『スジャータの供養《くよう》』『獼猴奉蜜《みこうほうみつ》』『従三十三天降下《じゅうさんじゅうさんてんこうげ》』『酔象調伏《すいぞうちょうぶく》』など、いろんなモチーフがある）」など釈迦の生涯を描いた図柄を使って、釈迦の偉大さや教えを説いたのである。

これが東アジアへやってくると、「変相図《へんそうず》」と呼ばれるようになる。ストーリーがある文章を「変文《へんぶん》」と呼び、それに基づいて描かれた絵画や彫刻なので「変相図」である。「釈迦変相図」のみならず、「維摩変《ゆいまへん》」や「法華経変相《ほけきょうへんそう》」や「西方浄土変《さいほうじょうどへん》」などといったものも制作された。これらは物語性が高いので、マンダラとは少し性格を異にするのである。

日本では「地獄変」が盛んに語られた時期があり、西行《さいぎょう》や白隠《はくいん》といった人物はこれが出家へのきっかけとなった。「山越し阿弥陀図」も、日本オリジナルの「変相図」の性格をもっている。折口信夫は「山越し阿弥陀図」(9)を取り上げて、「どんな不思議よりも、我々の、山越しの弥陀を持つようになった過去の因縁ほど、不思議なものはまず少い。誰ひとり説き明すことなしに過ぎて来た画因が、為恭の絵を借りて、えときを促すように現れて来たものではないだろうか。そんな気がする」(『山越しの阿弥陀像の画因』)と述べているが、日本では「変相図」が独特の展開を遂げるのである。

実はこのような絵解きが大乗仏教起源の主要因だという説もある。前田慧雲《えうん》などによる「大乗仏教大衆部起源説」に対して、平川彰は大乗仏教の起源を「在家仏教と仏塔信仰」に求めた。釈迦滅後に建立された仏塔において、在家仏教者たちがガイド役や解説役を担ったことが大乗仏教の起源だと言うのである。今日ではかなり批判されている説ではあるが、平川の言うような面もあったと思われる。

さて、日本の絵解きの系譜をたどってみよう。少なくとも、すでに十世紀初頭には「釈迦八相図」などを僧侶が説いていたようだ。さらに勘解由小路経光《かでのこうじつねみつ》(一二一三年―一二七四年)の日記『民経記《みんけいき》』には、四天王寺の「絵解法師《えときほうし》」が登場する。絵解法師とは、絵解きを専門とする寺僧である。

絵解きは、聖徳太子や法然など特定人物の伝記、「善光寺如来絵伝《ぜんこうじにょらいえでん》」や「石山寺縁起絵巻《いしやまでらえんぎ》」など寺社の縁起を説くもの、「地獄絵」や清姫伝説などの説話、「当麻曼荼羅《たいままんだら》」に代表されるような経典の内容をビジュアル化したものなど、いくつかに分類できる。

中世に制作された『遊行上人縁起絵《ゆぎょうしょうにんえんぎえ》』には、京の四条大橋西詰において、台の上に「釈迦涅槃図」と人形のようなものを置き、墨染の衣を身に着け、カラスの羽根を持った人物が描かれている。これは芸能としての〝絵解き〟の原初形態を描いたものであろう。僧形の人物は、図絵や人形を使い、カラスの羽根で指示しながら物語を語ったのである。

また、『三十二番職人歌合』には、〝絵解き〟と〝千秋萬歳法師〟が対になって描かれている（図1）。〝絵解き〟の方は、鳥の羽根をつけた指示棒を持っている。

このように、説法から端を発して、次第と芸能化していく絵解きにおいて、注目すべきは「絵解き比丘尼《びくに》」の存在である。勧進比丘尼や熊野比丘尼や歌比丘尼とも呼ばれる。もともとは熊野信仰を各地で勧進して回ったために勧進比丘尼や熊野比丘尼と称されていた。そして、熊野の霊験《れいげん》を説くために絵解きを行い、さらには四つ竹やビンザサラを鳴らして歌って歩いたために、絵解き比丘尼や歌比丘尼と呼ばれたのである（図2参照）。

絵解きは、その後に生まれる「紙芝居」「のぞきからくり」「うつし絵」「影絵」「活動写真」など、視覚と語りを組み合わせた娯楽の系譜へとつながる。実際、近代になって絵解きから無声映画の活動弁士へと転じた人物もいたそうである。しかし、いずれもその姿を消していくこととなった。

図１　三十二番職人歌合絵巻（部分、サントリー美術館蔵）

図２　大坂市街・淀川堤図屏風（右隻５扇、部分、東横堀の橋上で絵解きする熊野比丘尼、大阪城天守閣蔵）

一方、先ほど述べたように、説法としての絵解きは今でも活動が続いている。むしろ近年その活動はやや復興傾向にあると感じるほどである。岡澤恭子（長野県・長谷寺）による「釈迦涅槃図」の絵解き法話が注目され、伝承ものや縁起ものを復活させる人も出てきた。また、何かをプレゼンテーションする時のように、プロジェクターによるスライドを使って話す僧侶は増えている。これなども絵解きの系譜上に加えてもよいのではないか。とにかく絵解きには独特の性質があると思う。

絵解きでは、時に語り手と聞き手が同じ方向を見ることとなる。語り手が絵を指し示した時は、双方の視線は同一方向に注がれる。これは他の語り技法にはない、絵解きならではの性質である。そこには特有の一体感が生まれる。

以前、露天商の人に「道行く人の足を止める語り」について話を聞かせてもらったことがあった。ベテランの露天商ほど、道行く人の視界に入らないように振る舞うそうである。相手と視線を合わせたりすると、逃げてしまうらしい。だから、並べられた商品をながめる人と同じ方向へと視線を同調させるのがポイントだと言う。シャイな人が多い日本では、視線がぶつからないように工夫しなければならないのかもしれない。そう考えると、絵解きは「視線を同調させる語り技法」という面があるのではないか。

ところで、『法然上人絵伝』の第三十三巻には、興味深い場面が描かれている。法然や親鸞《しんらん》などが流罪となり、法然の門弟数名が斬首となった「建永の法難」の場面である。六条河原で今まさに安楽房《あんらくぼう》が処刑されんとする様子が描かれているのだ。当時の処刑の様子を知るのにも貴重なものと言える。そしてその中で、合掌する安楽房を処刑しようとする二人の放免《ほうめん》（下級役人）が描かれている。この放免は、とても派手な衣装を着ている。摺衣《すりぎぬ》(10)だと思われる。放免はこういう華美な衣装を身につけたらしい。それは本来、世間では憚《はばか》られるようなものであったようだ。放免が非常識な服装でいることを、『江談抄《ごうだんしょう》』では「非人のゆえ禁忌を憚らざるなり」と評している。つまり、世間からはずれた人なのでタブーを破るのだ、といったところか。これが中世に流行するのである。摺衣については、何度も禁止令が出るほどであった。それはやがて「婆裟羅《ばさら》」（華美な服装や放埒な行動をする者たち）となり、さらには近世の「歌舞伎者」（傾《かぶ》き者《もの》）へとつながるのである。

婆裟羅は、荒ぶる中世を象徴する人たちだ。彼らは犬食などもしたらしい。近世になって、荒ぶる中世のメンタリティは次第に鎮められていった。五代将軍・綱吉が「生類憐みの令」を出したのも、犬食禁止の意味もあったと聞く。元禄時代あたりで中世のメンタリティがつぶされていったのであろう。元禄年間に起こったいわゆる「赤穂浪士の討ち入り」も中世の荒ぶる姿である。

仏教用語のヴァジュラ（金剛）を語源とする婆裟羅は、佐々木道誉《どうよ》のような婆裟羅大名まで生み出した。従来の常識を破る破天荒な言動の婆裟羅は、柿帷子《かきかたびら》を着る者も少なくなかった。柿渋で染めた帷子に、蓑笠《みのがさ》や鹿の角を握りにした鹿杖《かせづえ》などを身につける。これはもともと聖者のいでたちであり、山伏や勧進聖の姿であった。とくに鹿杖は空也系の人々が使ったものである。ここにも踊る念仏の系譜が見て取れる。

婆裟羅の異様ないでたちは、歌舞伎へと受け継がれる。この異形の者たちは、近世芸能の源泉でもあったのだ。それにしても、芸能民や放浪の民が「柿色に染めた服装」をしたのはなぜなのか。はっきりしたことはわからないが、源流をたどれば僧侶の袈裟《けさ》へと行き着く説が有力である。袈裟は本来、廃棄された布を縫い合わせて、草木などで染め直して作られていた。世俗から離れた者の象徴であったのだ。

我々は、日本においては僧形の芸能者が多かったことを見逃してはならない。日本仏教の大きな特徴として半僧半俗の文化がある。この点は日本仏教を研究する上で重要である。僧形の芸能者たちも、広義の半僧半俗形態と言えよう。

僧形の芸能者を取り上げるまでもなく、宗教性と服装が密接な関係にあることは間違いない。服装は、つながりやアイデンティティを表現する。また、不特定多数の他者に、「自分はこういう人間である」という情報を発信する非言語的記号なのだ。人間社会において「どのような服装で生活するか」ということは、大きな意味をもっている。宗教者には、儀礼用・祭礼用の衣装があり、同じ信仰をもつ人々が共有する衣装もある。シャーマンには独特の衣装があり、死者だけに着せる衣装もある。神道においては麻の衣装は重要な宗教的意味が付与されており、儀式や、神に献上する幣帛《へいはく》や、お祓いに麻が使われる。

仏僧において、袈裟がもつ意味は大きい。タイでは「得度式《とくどしき》」(僧侶になる式)には黄褐色の衣に着替える。着替えた瞬間から家族であっても女性に触れることはできなくなる。法衣をつけることによって、明確な線引きがなされる。「還俗式《げんぞくしき》」(在家者に戻る式)では、衣を脱いで一般的な普通の衣服に着替える。服装とイニシエーション（通過儀礼）との関係である。また仏教では古くから在家仏教徒は白衣《びゃくえ》を着る。この習慣は今でも世界各地に残っている。

衣食住・音楽・芸能・アート、あらゆるところに宗教的要素があるのだ。ゆえに宗教を通して人間を見る、社会を見る。そうすれば人間や社会は別の一面を見せてくれるのである。

■説経節

説経節《せっきょうぶし》は中世に始まった芸能である。説経節は僧侶の説教や、唱導文学を淵源として成立した。また、語りの節回しには、声明《しょうみょう》の影響が強く残っている。演劇評論家の犬丸治は「説経節は人形浄瑠璃の父であり、歌舞伎の母である」と述べているが、人形浄瑠璃や歌舞伎のみならず浪曲や音頭も説経節の線上にある芸能である。かつては〝説経〟とも称され、日本芸能史を考える上で重要な要素なのだ。

説経節の源流はもちろん仏僧の説教にある。しかしすでに、中世において楽器（ササラ）を使って語る「説経説き」が存在している(11)。

現存する一番古いテキストは、室町時代末期の写本『せつきやうかるかや』（説経刈萱）である。「かるかや」は、この世の苦悩と悲哀に直面した主人公が妻子を捨てて遁世《とんせい》する話である。法然のもとを訪れ、刈萱道心となった主人公はやがて高野山に登る。そこで偶然再会する息子にも自分の正体を明かさない。現代人には最後まで救いのないようなストーリーとなっている。これは、もともと説経節が本地物語（神仏の前生譚）の一種だったからだと、国文学者の荒木繁が指摘している。「かるかや」や「あいごの若」といった物語は、現世否定的であり、来世における救いや神仏への転生が説かれている。つまり構造的には本地物語だと言うのである。すなわち説経節は、かなり「説教そのもの」だったのだ。しかし、芸能化するにつれて、次第に人間の勇気と叡智を語る内容へと傾斜していく。

説経節の演目は、「かるかや」「さんせう太夫」(12)「しんとく丸」(13)「おぐり」(14)などが近世以前から成立していた。これらはいずれも説経節の代表的演目として語られ続けている。他にも「殺生石」「阿弥陀の本地」「釈迦の本地」といった演目も成立が古いようである。

ただ、説経節はレパートリーが少ない。あくまで説経なので、軍記物や恋愛物などの要素は入りにくく、次第に衰退していく。そこで説経説きたちは、舞をつけたり、人形操り（車人形）を使ったり、三味線と合わせたりするようになる。そのため説経浄瑠璃とも呼ばれるようになっていく。

人形操りとのコラボを始めたのは大坂与七郎である。大坂与七郎が使った人形には、車のついた台座があったために車人形と呼ばれた。『色道大鏡《しきどうおおかがみ》』（一六七八年）には、「説経の操は、大坂与七郎といふ者よりはじまる」とある。

一方、京都では日暮《ひぐらし》小太夫・日暮八太夫などが登場する。この人たちは、ササラではなく鉦鼓《しょうこ》を使っていたようだ。つまり元々は歌念仏の一派なのである。日暮派は鉦鼓から三味線へと移行していき、人形を操るようになる。さらに、「うれいふし」「なきふし」など、技法を発達させていった点も注目したい。

三味線は大坂の堺で生まれたと言われている。とにかく三味線の登場は大きい。三味線によって、さまざまな芸能の領域で細やかな情感を表現できるようになった。多くの芸能が舞台でも活躍できるスケールとなった。原型である沖縄の三線《さんしん》は爪弾《つまび》きであるが、本州ではこれを琵琶のようにバチで弾いたのである。説経節においても、日暮派の目覚ましい活躍は、歌念仏で使っていた楽器を、鉦鼓から三味線へと持ち替えたことが大きい。

日暮派は、尾張や三河でも活動し、次いで江戸において大変な活気を呈する。第一人者は天満《てんま》八太夫。この人はやがて石見掾《いわみのじょう》藤原重信となった。説経節の太夫で受領したのはこの人だけである。『天和笑委集《てんなしょういしゅう》』では、「則《すなわち》八太夫古今無双のめい太夫、おとにのみきく迦陵頻《かりょうびん》がも、舌ふるひしてかちはだし」〔天満八太夫は古今無双の名太夫である。浄土において美しい声で鳴くとされる迦陵頻伽《かりょうびんが》さえもおそれて裸足で逃げ出すほどのすばらしさである〕と絶賛されている。

日本各地を席巻した説経節であったが、その座は浄瑠璃にとってかわられる。次第にすたれていく説経節。そんな中、説経祭文《さいもん》が生まれる。錫杖《しゃくじょう》と法螺《ほら》貝《がい》を使った芸能である。江戸本所四つ目の米千《よねせん》という米屋が得意としていた。米千の隣に住んでいた按摩《あんま》（後に京屋五鶴）が、三味線ができるというので一緒にやることになる。これが初代・薩摩若太夫である。江戸でうけた。特に地方からやってくる階層にうけたようだ。現在の八王子や秩父などには薩摩派が残っている。この薩摩派から若松派が派生する。若松若太夫の名跡は今日でも継続している。初代若松若太夫は柔道家の嘉納治五郎も応援したという。

■講談

もともと仏教の説教の異称に講釈や講談という用語が使われていた。仏教経典の講義や解釈のことである。

さて、芸能としての講釈（後には講談）の発生を特定することはなかなか難しい。『太平記』『保元平治物語』『源平盛衰記』などを僧侶たちが講演するなどの先行形態があり、さらには戦国大名の取り巻きである御伽衆《おとぎしゅう》などの中に「ものよみ」と呼ばれる人たちもおり、それらの線引きも明確ではないためだ。しかし、濫觴期《らんしょうき》に赤松氏が大きな役割を果たしたことは間違いない。赤松氏は播《はり》磨国赤穂郡赤松《まのくにあこうぐん》から発祥した。赤松明秀（一四〇三年－一四八七年）を講談の祖と考える説もある。明秀は浄土宗西山派の説教僧であり、大説教者であった。

講釈は当初、『太平記』などを読んで聞かせるスタイルであったため、「太平記読み」あるいは「ものよみ」と呼ばれた。『平家物語』は平曲と呼ばれる音楽説教的な話芸へと進展するのに対して、『太平記』は講釈・講談へとつながっていくのである。やはり僧形の者が多かったようである。(15)

元禄期になると、上方《かみがた》に赤松梅龍、江戸に赤松青龍軒が登場する。講釈や浄瑠璃が盛んになった時期、説法の方も大きく発達する。江戸中期から後期にかけて、浄土真宗の節談《ふしだん》（後述）の形態が完成するのである。ちなみに付言すると、「赤穂浪士」をいち早く語ったのは説教者たちであった。

各地の寺院において、説教の材料に使ったのである。本居宣長によれば、延享元年（一七四四）に伊勢・松坂の浄土宗・樹敬寺《じゅきょうじ》の実道和尚《おしょう》が説教の高座《こうざ》で赤穂義士討ち入りを語ったとある。仏僧の方が『仮名手本忠臣蔵』（一七四八年）より早いのである（関山和夫『説教の歴史的研究』）。

江戸後期には、時代の流れにのって儒教講釈や神道講釈が語られる。これは落語など他の語り芸能にも影響を与えた。日本の宗教文化を考察する上で、おさえておきたいポイントである。とは言っても、やはり仏教講釈の流れは強く、親鸞や日蓮の御一代記、怪談や仏教的因縁話などは今日においても人々を魅了している。

講談の歯切れの良い口舌《くぜつ》には独特の味わいと魅力がある。講談師には博学の人が多いのも、この芸能の性格によるものだろう。今でも講談師に対しては、師匠とは呼ばずに先生と呼ぶ習慣がある。「ものよみ」として、講義や教育や情報伝達を担当した成立経緯からきた習慣だろう。また、「太平記読み」と呼ばれた成り立ちからもわかるように、講釈・講談は軍記物の語りが特に発達した。中でも〝修羅場読み〟〝修羅場調子〟と称される独特の技法は、聞く者を惹きつける強い力をもっている。現在では、この〝修羅場読み〟を聞く機会は稀になってしまった。かつては各地に数多くあった講釈場（講談専門の寄席《よせ》）も見あたらない。しかし講談師たちは、息をもつがせぬテンポで語りの世界へと引き込む語り技法を今も脈々と受け継いでいる。

■浪曲

浪曲は、当初「浪花節《なにわぶし》」とも称され、明治初期に成立した。「音曲《おんぎょく》の司《つかさ》」とも評され、日本語り芸能の粋でもある。

浪曲は三味線を伴奏に語り、そして歌う。歌う部分（節《ふし》）と語り演じる部分（啖呵《たんか》）との両方を持つ。明治時代後期から昭和中期にかけて一世を風靡し、日本の近代文化史・メディア史に欠くことができないものとなった。一時は演芸の王様とまで言われたのである。

「浪花節」と呼称されたからといって、浪曲のすべてが関西で成り立ったわけではない。芸としての源流が関西にあるとしても、江戸で生まれて各地に広がった「デロレン祭文」の流れも引き継いでおり、東北・関東にも源流がある（「浪花節」という呼称は東京から出たとも言われている）。桃中《とうちゅう》軒雲《けんくも》右《え》衛門《もん》(16)や二代目広沢虎造のように東西を股に掛けた交流が盛んであり、さらに特定の地域ではなく日本全国の旅回りによって鍛錬されてきた面が浪曲の歴史において重要なのである。ちなみに、稀代の人気を誇った桃中軒雲右衛門の父も祭文語りであり、浪花節を浪曲へと昇華させた吉田大和《やまと》之丞《のじょう》(17)も父が祭文語りであった。

デロレン祭文とは、錫杖や法螺貝を使った祭文語りである。本来、祭文は神道や仏教の儀礼において神仏へと捧げる詞章《ししょう》であり、これは現在でも勤められている。祭文は陰陽師《おんみょうじ》や山伏たちによって世に広まった。特に仏教と山の信仰・神道が融合した日本特有の宗教・修験道の担い手である山伏が得意とした。だから、錫杖や法螺貝を使うのである。祭文はやがて芸能化して歌祭文や説経祭文となり、貝祭文・デロレン祭文となる。法螺貝の音を口で「デレン、デレン、デーレン」と表現するので、デロレン祭文である。関西ではこれが音頭にもなっていく。江州音頭には、デロレン祭文の語りがそのまま残っている部分がある。(18) また、河内音頭の「ヨーホイホイ」という調子も、法螺貝の口真似の影響なのである。

浪曲は全国的に伝播していた「ちょぼくれ＝ちょんがれ」（ペラペラしゃべる様子。また、長歌連・弔歌連との字もあてられる。東北北部では、じょんがら）、「説経節」、「祭文語り」、「阿呆陀羅《あほだら》経《きょう》」といったさまざまな芸能のDNAを受け継いでいる。もともとは大道芸として始まったようだ。中世の勧進聖など僧形の芸能民が直接の母体であるとも言われている。願人坊主《がんにんぼうず》や勧進が語った門付芸の形態も引き継いでいる。そこに祭文と説経節が融合したのだろう。ずっと「ヒラキ」（葭簀《よしず》張りの仮設小屋）で行われていた。江戸前期の風俗事典『人倫訓蒙図彙《じんりんきんもうずい》』には、祭文は「白声《しらごえ》にして力みを第一とし」とある。白声とは素の声のことである。浪花節・浪曲自体は近代の成立であるが、その源流はかなりさかのぼることができるのである。少なくとも、文化末年から文政初年の頃、上方の浪花《なにわ》伊助《いすけ》が、「阿波浄瑠璃」「祭文」「春駒節」「ほめら」等を取り入れて「浮連《うかれ》節《ぶし》」と名付け、新しく売り出した芸能が源流のひとつであることは間違いない。

一般に、関西の浪曲は歌祭文系性格が強く、関東の浪曲は説経節系性格が強いと言われている。そのためか、関西は低い調子が特徴で、三味線の音色も「ベンベンベン」と低音である。時には極限まで三味線の糸を緩めるチューニングを駆使するらしい。浪曲は太棹《ふとざお》を使うので低音に迫力がある。一方、関東は調子が高い。三味線も「カンカンカン」と響く。歯切れがよく、啖呵に威勢がある。また、関西節・関東節に中京節を加えて、三分類する場合もある。中京節は関西と関東双方のよさをうまく取り入れている。

七五調で演じられ、「涙」と「笑い」の感情を揺さぶることが特徴の浪花節は、思わず真似をして唸りたくなる間口の広さと、その実うまくなるには鍛錬を要する奥の深さを同時に持つ。ある世代以上は、「喰いねえ喰いねえ。江戸っ子だってね」「妻は夫をいたわりつ、夫は妻をしたいつつ」など、有名な浪曲のフレーズを耳にしていることだろう。かつては、銭湯に行くと、一節唸っている人がいたものである。

近接した芸能を（今でいう郷土芸能も含め）貪欲に取り込み、節回しなどに各人各様の創意工夫をすることで発展した。自由さ、融通無碍《ゆうずうむげ》ぶりが大きな特徴である。ある程度の様式はあるものの、それぞれが自分の節を工夫して行うのだ。当代の人気者・春野恵子は、浪曲に出会った時、「ひとりミュージカルだ！」と実感したそうである。

浪曲の発声は、身体を振動させるような胴声《どうごえ》がベースとなっている。胴声は、モンゴル民族の伝統的歌唱法ホーミーのように倍音を響かせる発声である。この発声法は、日本の場合、やはり仏教の声明をルーツとしている。

以前、古い真言声明を聞いた後に、謡曲を聞いて、浪曲を聞くという場に身をおいたことがある。ありありとつながりが体感できた。近代にやってきた西洋音楽の発声法とは異なる身体の使い方、そこは共通していたのである。

以上、駆け足で「語り芸能」の展開を見てきた。いずれも何らかのかたちで説法と関わってきたことがわかる。第三章の眼目はそこにある。芸能史を詳述するのが目的ではない。内容の構成方法、そして語りの発声法、節や抑揚やメロディー、服装や所作にいたるまで、日本仏教の説教は語り芸能の基盤を形成してきた、そのことを確認するための俯瞰《ふかん》であった。

また、説教の方も芸能に大きな影響を受けてきた。たとえば、不世出の噺家・三遊亭圓朝《さんゆうていえんちょう》（一八三九年－一九〇〇年）の高座《こうざ》に、説教者として後世に名を残す宮部円成《みやべえんじょう》（一八五四年－一九三四年）が足繁く通ったと言われている。語りの達人同士、通じるところがあったのだろう。

圓朝の弟子に橘家圓喬《たちばなやえんきょう》（四代目、一八六五年－一九一二年）がいる。語りのうまさだけなら、圓朝をもしのぐと言われた名人である。橘家圓喬には、「真夏の寄席で、真冬の噺『鰍沢《かじかざわ》』を語った」というエピソードが伝えられている。もちろん冷房設備などない時代だ。客は着物をはだけたり、袖《そで》をめくり上げたり、団扇《うちわ》や扇子《せんす》であおぎながら聞いていた。ところが、圓喬の「鰍沢」が進むにつれて、客席では誰も汗をかかなくなり、客の団扇や扇子をあおぐ手が止まり、みんなが袖を下ろし、襟元を合わせ、寒そうに身を震わせたと言う。それほどの語り技法をもっていたのだ。

しかし、この橘家圓喬が、たまたま浅草東本願寺（当時）で宮部円成の説教を聞いて、とてもかなわないと驚愕したそうである。その後、圓喬は宮部のあとを追い続けて、説教を聴聞したとのことだ。このように説教者と語り芸能者は、互いに切磋琢磨して語りを成熟させたのである。

［注］

（1）世阿弥は、猿楽のルーツのひとつに「神楽《かぐら》」があることを指摘しており、「神」の文字を使うのは恐れ多いので、示へんをとって「申」となり申楽（猿楽）の呼び名となったという説を挙げている。

（2）**呪師** もともとは寺院で法会《ほうえ》が開かれる際、場所を清める人物を指す。「呪師走《ずしば》り」という独特のステップと印が特徴であった。それがだんだんと芸になっていった。

（3）現在も「翁」「三番叟」などが祝禱芸の性格を保持しており、特別な演目として別枠扱いになっている。通常、能楽は「舞う」というが、「翁」だけは「踏む」と表現する。

（4）**シテ** 能の主役である。シテ方は、シテやツレ（助演者）や子方《こかた》（子供）や地謡《じうたい》（合唱役）を担当する。

（5）**ワキ** 主役であるシテの相手役である。現実の人間として登場し、面をつけない（直面《ひためん》）。

（6）**結崎座** 後の観世流。その他の三つは、坂戸・外山《とび》・円満井《えんまい》である。坂戸は金剛流に、外山は宝生流に、円満井は金春《こんぱる》流になっていく。

（7）**亀阿弥** 文字が読めなかったが音曲の達人。この系譜上に登場する増阿弥は、世阿弥中年期のライバルとなる。

（8）ついでにいうと、円仁は帰国する際に、東シナ海上に現れた不思議な神と出会う。そしてそれを常行三昧堂の後戸に祀った。これが摩多羅神《またらしん》である。摩多羅神は正体がよくわからない障碍神であるが、常行三昧堂の後戸に祀られたことから、猿楽の「狂」を主宰する神となる。また、摩多羅神はその後、後戸の神、宿神《しゅくしん》、秦河勝《はたのかわかつ》など、さまざまな芸能の神と習合・変貌していく。

（9）**山越し阿弥陀図** 源信が横川《よかわ》で感得して始まったと言われている。その前提として、大和における二《ふた》上山《かみやま》の位置関係がある。源信が生まれた当麻あたりから二上山にかけては、古代王朝から見れば西の山にあたる。そこで古代王朝では、夕陽が沈む山の向こうに、古墳をつくった。南河内から堺にかけては、日本版王家の谷といった様相となる。この点に関しては、「弱法師《よろぼし》」の考察を参照いただきたい。

(10) **摺衣** 摺衣は、花や葉などの汁を使って模様を染め出した布・着類。

(11) 説経説きをはじめ、祭文語りや琵琶法師、傀儡遣いや辻能楽などは、関蟬丸神社を拠点としていた。ここは園城寺《おんじょうじ》と関係が深い。

(12) **さんせう太夫** 安寿《あんじゅ》と厨子王《ずしおう》の姉弟がだまされて、人買いの山椒太夫《さんしょうだゆう》に売られてしまう。母に会いたい一念で、苦難の日々を生き抜く姉と弟。ついに二人は逃亡を試みる。姉の安寿は我が身を犠牲にして、弟の厨子王を逃がす。やがて厨子王は母と再会するが、すでに母は盲目となっていた。森鷗外が小説にしており、溝口健二が映画化している。この映画はヴェネチア映画祭で銀獅子賞を受賞した。

(13) **しんとく丸** 清水の観音に祈願してやっと生まれた信徳丸。学問をおさめ、四天王寺で稚児舞《ちごまい》をする。それを乙姫がみそめ、二人は恋愛感情を抱く。しかし、信徳丸は継母の呪いによって病気となり、四天王寺に捨てられる。やがて乙姫と苦労を共にして観音の霊験で病気が治る。「しんとく丸」については第五章でも取り上げる。

(14) **おぐり** 関東へ流された小栗判官は照手姫と出会って愛し合う。しかし、これをよく思わない照手姫の父親に毒殺される。小栗は一旦地獄へ行くが、現世に戻されることとなる。餓鬼の姿で、重篤な病気の状態となって現世に戻されるのだ。元の姿にもどるためには、熊野へお参りして、湯峰《ゆのみね》温泉に身をつけねばならない。そこで、有縁無縁の人々(特に時宗の人たち)に助けられ、ついに熊野への参詣《さんけい》を実現させる。小栗は照手姫と再会を果たす。落語ではしばしば「小野小町か照手の姫か」と美人を評する定句が出てくる。また、梅原猛がスーパー歌舞伎「オグリ」を創作している。「しんとく丸」にしても、「おぐり」にしても、説経節の演目には自立した女性の活躍が目立つ。そこには新しい社会への息吹を感じることができる。

（15）江戸時代において最も有名な講釈師・馬場文耕《ぶんこう》（一七一八年－一七五八年）も元は僧侶であった。

（16）**桃中軒雲右衛門**　「赤穂義士伝」で一世を風靡した浪曲師。芸能研究者の兵頭裕己は、同時期の夏目漱石がリテラルな巨人であれば、雲右衛門はオーラルな巨人であると評している。雲右衛門は、一回に三百五十円（現在の約百四十万円に相当）のギャラをもらい、年収は八万三千円（約三億三千万円）を超えたという。

（17）**吉田大和之丞**（二代目・吉田奈良丸）　奈良生まれの浪曲師。妻は初代・春野百合子。娘は二代目春野百合子。雲右衛門に次ぐ人気を誇った。時代に先駆けてレコードで成功した人物である。吉田大和之丞は、浪花節の呼称を、謡曲になぞらえて浪曲と称した。

（18）子どもの頃、盆踊りで江州音頭を聞くたびに「歌詞の中の〝デーレンデーレン〟とは、いったい何の意味だろう」と不思議だった。宗教と芸能を研究しているうちに、デロレン祭文からきていることがわかって、ずいぶんすっきりした。

第四章　説教の展開と落語の誕生

説教の系譜を概観しても、語り芸能の系譜を俯瞰《ふかん》しても、天台説教から生まれた安居院流《あぐいりゅう》の存在を欠かすことはできない。ことに落語となれば、安居院流唱導《しょうどう》の名手と位置付けられるかの人物を忘れるわけにはいかない。安土桃山時代から江戸時代初期にかけて活躍した日快《にっかい》（安楽庵策伝《あんらくあんさくでん》）である。日快は落語の祖とされているのだ。

傑僧・日快の活躍

日快（一五五四年－一六四二年）は、浄土宗西山派の僧であった。『醒睡笑《せいすいしょう》』を著したことで、後年、落とし咄の名人と評され、今日では落語の祖とも呼ばれるようになっている。宗派の法主もつとめた傑僧であり、茶道や和歌などにも通じ、当時の文化人・知識人としても一級であった。誓願寺の寺内に安楽庵という庵をつくって晩年を過ごしたので、安楽庵策伝と称された。以下、日快を策伝と記述する。

策伝は美濃国《みののくに》（現・岐阜県）の生まれで、戦国の武将・金森長近の実弟であるとされる。(1) 金森長近は、織田信長・柴田勝家・豊臣秀吉と相次いで仕え、飛騨高山城主となった人物である。孫の重近は茶人・宗和となり、その名を残している。

関山和夫は、『茶人大系譜』『深草史』『立政寺《りゅうしょうじ》歴代大年譜』『立政寺歴代記』『浄音寺過去帳』などをもとに、策伝の生涯を次のように特定している。

策伝は金森定近の息子である。金森家は茶人として有名な家柄であった。兄の金森長近は、初代飛騨高山城主となった。

七歳で岐阜県浄音寺の策堂文叔《さくどうもんしゅく》上人について出家、策伝の名を得る。後には醒翁《せいおう》と号している。諱《いみな》は日快である。

十一歳で上洛、洛東大本山禅林寺の智空甫淑《ちくうほしゅく》上人に師事して浄土教を学び、浄土宗西山派《せいざんは》（西谷流《せいこくりゅう》）の法脈を相承《そうじょう》した。金森氏出身であったため、出家してもなお千石余の領地を持っていた。二十五歳頃から約十五年間、山陽地方に赴き、西方寺《さいほうじ》（広島県庄原市東城町）、全政寺《ぜんしょうじ》（同、庄原市西城町）、誓願寺（倉敷市阿知）、法然寺（同、浜町）、極楽寺（同、西阿知町）、大雲寺（岡山市表町）などを次々に建立・再建した。

五十六歳で美濃の名刹《めいさつ》・西山禅林寺派檀林立政寺を数カ月預かり、四年後誓願寺法主に就任。

茶人としても有名であり古田織部《おりべ》の正門であったと思われる。古田織部は秀吉の御咄衆《おはなししゅう》であった。小堀遠州、松花堂昭乗《しょうじょう》ら織部系の人々と親しく、松永貞徳《ていとく》とも深い親交があった。「安楽庵裂《ぎれ》」「安楽庵茶室」「安楽庵好み」「安楽庵釜」の呼称と共に策伝の名は茶道史上に残る。

文人としては『醒睡笑』が有名であるが、他にも『百椿集《ひゃくちんしゅう》』（各種類の椿について書いた本）や『策伝和尚送答控』（文化人たちとの交流と和歌や狂歌）を書いている。『醒睡笑』は、京都所司代・板倉重宗の依頼を受けて書かれたものであり、全八巻を九年の歳月をかけて完成している。七十歳頃の著述である。

後水尾天皇の勅命を受けて宮中に参内し、清涼殿で「観経曼陀羅《かんぎょうまんだら》」を進講している。紫衣《しえ》の勅許を得たのち、誓願寺の境内に塔頭《たっちゅう》・竹林院を建てて隠居。竹林院の庭に建てた茶室「安楽庵」で余生を送った。八十九歳で往生。

友人であった松永貞徳は、策伝に対して「花さかり　ここをさることとほからぬ　国なら花と　かへりこさらん」と歌を残している。「ここをさることとほからぬ」とは、『観無量寿経《かんむりょうじゅきょう》』の「去此不遠《こしふおん》」からきているのだろう。「もう花は盛りですよ。浄土はここからそれほど遠くないところであると経典にも書いてあるじゃないですか。それならちょっと還ってきてくださいよ」といったところか。策伝は人々に敬愛されていたのであろう。その一端がうかがえる一首である。

（筆者によるまとめ）

江戸時代において、すでに山東京伝《さんとうきょうでん》が策伝のことを「安楽庵策伝は、おとしばなしの上手なり。元和九年七十の年醒睡笑といふ笑話八冊をつくる。万治元年上木《じょうぼく》せり。この人茶道に於て名高しといへども、おとしばなしの上手なる事を知る人まれなり。世に称する所の安楽庵の裂は此人より出ぬ」(『近世奇跡考』)と書いており、また喜多村信節《のぶよ》も「又、安楽庵策伝は希世《きせい》の咄上手にて板倉侯のために醒睡笑若干巻を著せり」(『嬉遊笑覧《きゆうしょうらん》』)としている。

「おとしばなしの上手なり」とあるとおり、稀代の「咄上手の僧侶」との呼び声は高かったのである。策伝は『醒睡笑』を著したことで、「落語の祖」と称される。『醒睡笑』の序文には次のようなことが述べられている。

天下泰平人民豊楽の折から、策伝某《それがし》小僧の時より、耳にふれておもしろくをかしかりつる事を、反故《ほご》の端にとめ置きたり。是の年七十にて、誓願寺乾《いぬい》のすみに隠居し、安楽庵といふ。柴の扉《とぼそ》の明暮《あけくれ》、心をやすむるひまひま、来《こ》しかたしるせし筆の跡を見れば、おのづから睡《ねむり》をさましてわらふ。さるままにや、これを醒睡笑と名付け、かたはらいたき草紙を、八巻となして残すのみ。

(鈴木棠三校注『醒睡笑』)

〔私・策伝は小僧の時より耳にしてきたおもしろおかしい話を紙の切れ端などに書きとどめていた。今年七十歳となり、誓願寺のすみに隠居し、安楽庵と号すようになった。柴戸の庵で毎日、心安らかに暮らしている。昔、書いておいたものを読み返してみると、自然に眠気が醒めて、笑ってしまう。

そんなことから、これを『醒睡笑』と名づけた。人が読んだら拙いものであろうが、八巻の書として残す次第である」

つまり小僧の頃から耳にしてきた小咄をまとめた本なのである。それは「お説教の場で居眠りをしている者を、笑い話で目を覚まさせる」ために使われた咄なのである。いずれもほんの数行で終わる短い咄になっており、最後にオチがつく「落とし咄」の形態をとっている。この書がその後輩出するプロの噺家に大きな影響を与えたのだ。まさに策伝は仏教と落語とがクロスする地点に立つ人物だったのである。

昔から説教者の間では、「始めしんみり、中おかしく、終わり尊く」といった説教の構成法が口《く》伝《でん》されている。策伝は「中おかしく」を膨大に体得していた僧侶なのだ。だから全八巻の書にまとめることができた。それをきっかけに落とし咄が展開されて、ついには落語を成立させるのである。少々大胆に言うならば、説教の「中おかしく」が飛び出して落語が生まれた、ということなのである。

ところで、策伝の兄・金森長近は秀吉に仕える際に出家して金森法印素玄となり、秀吉の御伽衆《おとぎしゅう》としてブレーンの役目を果たしている。中世から近世にかけて、御咄衆や御伽衆などと呼ばれる人をそばにおく有力氏族や戦国大名がいた。御伽衆は「ものよみ」とも呼ばれた。「同朋《どうぼう》」と称される場合もある。同朋とは、お相手などといった意味である。『醒睡笑』第八巻には足利義政の同朋・万阿弥という名が出てくる。足利家は「同朋」、前田家は「ものよみ」と呼んだらしい。桃山時代には、御咄衆は御伽衆よりもランクが上、という格付けもあったようだ。いずれも、もともと神官・僧侶・医者・検校《けんぎょう》などの文化人・知識人である。つまり為政者の相談相手であり、カウンセラー的な役目を果たしていたのである。近世になると、この御咄衆・御伽衆に茶人が参加することとなる。秀吉の御咄衆の名簿には、金森法印とか古田織部などの名前を見ることができる。この金森法印が策伝の兄・長近であり、古田織部は策伝の茶道の師である。策伝も秀吉の御伽衆だったという説がある。

この御咄衆・御伽衆は噺家の原型でもある。つまり、後代の落語は、「お説教」「唱導文化」を基軸として、「御咄衆・御伽衆」の形態があり、さらに近世においては芝居の要素などが加わって誕生した芸能なのである。その意味では、落語は古いお説教の形態を今なお色濃く残しているだけでなく、いくつかの語り文化を内包していると言える。

御咄衆や御伽衆は、トリックスターでもあったようだ。すなわち、その場を揺さぶる、相手の枠組みをはずす、そんな役割を果たしていたのである。これはまさに宗教者や芸能者が果たしてきた役割である。そしてとても重要なことなのである。

たとえば、秀吉の御伽衆に曽呂利新左衛門《そろりしんざえもん》という人物がいたと言われる。秀吉が「わしのことを、猿に似ているなどと陰口を言うやつがいる」と激怒していると、新左衛門は「猿が殿に似ておるのです」と笑わせたという伝承がある。これなども、ある種の〝枠組みの転換〟である。宗教や芸能はこういう転換をもたらす。一休禅師は、お正月で皆が祝っている町中を、しゃれこうべを竹竿の先につけて、「ご用心ご用心」と言って回ったとされる。「正月は冥途の旅の一里塚　めでたくもありめでたくもなし」というわけである。

〝枠組みの転換〟があるからこそ人は自分のあり方を見つめ直し、〝枠組みの転換〟があるからこそ人は救われるのだ。敷衍《ふえん》して言えば、イエス・キリストが「苦しんでいるものこそ幸せである。神の国はあなたのためにある」と説いたことや、法然や親鸞《しんらん》が「悪人こそ救われる。悪人こそ仏のお目当てだから」と語ったことにも通じる。

優秀な戦国大名には、御咄衆や御伽衆のようなトリックスターがそばにいたに違いない。いや、トリックスターがいるような大名こそ、優秀な人物であったのだろう。そこから類推すると、宗教教団における独裁的な教祖には、トリックスター的な存在がいないのかもしれない。

曽呂利新左衛門を落語の祖とする説もある。また、「新左衛門は安楽庵策伝の弟子である」「同一人物である」といった説もある。

『醒睡笑』を読む

策伝の『醒睡笑』には、千話を超える「落とし咄」が掲載されている。策伝はこのような咄を説教の中で駆使していたのである。その中には、今日においても語られている落語の演目の原型がいくつも掲載されている。『醒睡笑』は読み物としても楽しめるが、説教のタネ本でもあるのだ。では実際に『醒睡笑』を読んでみよう。「落とし咄」というものが実感できるはずである。

いはんかたなき鈍なる弟子あり。檀那《だんな》のあつまりて、茶うけなどある座敷に、年讃嘆《さんだん》のあるは、常のならひなり。しかるにかの弟子、ややもすれば、いまだ三十の者をば四十と見損じ、五十ばかりの者をば、六十余りと見そこなうて笑はるるを、坊主聞きかねて、「うつけに薬がないとはまことや。われも人も、年の寄りたきはなし。誰をも若いといはんこそ本意《ほい》ならめ。あなかしこ、粗忽《そこつ》に人を年寄といふな」と教へられ、あけの日、かの弟子使僧《しそう》に行き、女房の子を抱きゐるを見付け、「この御子息はいくつにてありや」。「これは、ことし生れ、片子《かたこ》でおいりある」と答へけり。弟子、「さて、かた子には若く御座あるよ」と。（巻之一「鈍副子」）

〔言いようのない愚鈍な見習い僧がいた。檀家の人たちが集まって、座敷で茶飲み話をしている際、年齢を話題に相手を褒めるのはよくあることだ。しかし、この見習い僧は、ややもすれば、まだ三十歳の者を四十歳と見損なったり、五十歳の者を六十あまりに身損なっては笑われている。そこで師匠の僧が叱った。「バカにつける薬はないとは本当だな。どんな人だって歳をとりたくないものだ。若いと言われたいのが本音なのだ。いいか、粗忽にも人を実年齢より上に言うなよ」と。次の日、この見習い僧は使いに行った先で、女性が赤子を抱いているのを見つける。そこで「この子はおいくつですか」と尋ねると、女性は「これは今年生まれたばかりの子どもです」と答えた。そこで「おお、生まれたばかりとはお若く見えますな」と言った〕

この咄を読んで、今日でも語られている落語のネタを連想する人もいるだろう。「子ほめ」である。「子ほめ」は、お世辞で相手を喜ばせて一杯おごってもらおうとする男の噺である。相手に歳を尋ねて、「四十五歳だ」と言えば、「四十五歳とはお若く見える。どうみても厄（四十二歳）そこそこ」などと二〜三歳若く言えばよいと教わり、その通りに実行しようとするがなかなかうまくいかない。そこで次は赤ん坊をほめて、その親におごらせようとたくらむ。ところが生まれたばかりの赤子に、「生まれたばかりとはお若く見える」などとおかしなことを言う羽目になる。基本的な構成は『醒睡笑』の落とし咄そのままである。

この小咄は「鈍副子」というチャプターに収められている。「どんぶす」と読む。「副子」は「副司《ふうす》」のことである。修行道場の会計係だ。本来とても頭の良い僧侶が着任するはずなのに、中には愚かな副司もいる、といった揶揄《やゆ》なのである。『醒睡笑』はやたらと僧侶を揶揄する咄が多い。おそらく寺の本堂において、人々に最もウケるのはこの手の咄だからだろう。本堂で僧侶の悪口を言うと、なぜかやたらと可笑しいものなのである。

次の咄はどうだろう。

山中にて衣更着《きさらぎ》中旬に、農夫二人つれだち出で、一人は山の北原、一人は南原、一町ばかりもへだて畠《はた》を打ちけるが、南原にいたち一つはしり出たり。見付けしを幸ひに、やにはに棒をふりあげ打殺さんとしけるを、北原より、「やれ彼岸ぢやに、おけ。ひらに彼岸ぞ、たすけよ」と呼ばはる。「さらば」とてたすけしが、かの南原の男、「さてさて、つひに彼岸といふものを見なんだに、今日はじめて見たよ。彼岸が姿は、そのままいたちぢや」と。

（巻之四「そでない合点」）

〔山の中で、如月の中旬に農夫が二人連れ出た。一人は山の北原、もう一人は南原、二人は一町ほど離れて農作業をしていた。すると南原にイタチが一匹走り出た。これを見つけた南原の男は、棒を振り上げて殺そうとした。すると北原の男が「お彼岸じゃないか、やめておけ。彼岸だぞ、助けなさい」と叫んだ。「そういうことなら」と助けたものの、南原の男は「さてさて、彼岸というものを見たことがなかったが、今日初めて見たよ。彼岸とはイタチにそっくりだなぁ」と言った〕

これは現在の「天王寺詣り」などのマクラ（本題に入る前に語る話）で使われている小咄である。今もこのまま使われている。「天王寺詣り」は、大阪の四天王寺が舞台となるネタである。四天王寺の彼岸法要は、よく知られているのでぴったりのマクラである。

次の落とし咄は、注目すべきものである。

文の上書きに、平林とあり。通る出家に読ませたれば、「平林《ひょうりん》か平林《へいりん》か、平林《たいらばやし》か平林《ひらりん》か、一《いち》八十《はちじゅう》に木々《ぼくぼく》か。それにてなくは、平林《ひょうばやし》か」と。これほどこまかに読みてあれども、平林《ひらばやし》といふ名字はよみあたらず。とかく推《すい》にはなにもならぬものぢや。（巻之六「推はちがうた」）

〔手紙の上書きに平林と書いてある。（しかし、字が読めないので）通りがかりの出家者に読み方を尋ねてみると……。その出家者は『ヒョウリンか。ヘイリンか。いや、タイラバヤシかヒラリンか。いやいや、一八十《いちはちじゅう》に木木《ぼくぼく》か。そうでなければヒョウバヤシか』と言った。これほどいろんな読み方を試みても、正解であるヒラバヤシと読むことはできなかったのである〕

またも無能な僧侶を揶揄する筆致となっている。策伝お得意の語りである。また、『醒睡笑』には各宗派の特徴をとらえて笑ったりする咄が多い。これは日本仏教ならではの大きな特徴であると言える。なにしろ日本仏教は「宗派仏教」と批判されるほど、それぞれ特化している。策伝はこの特性を笑いへと転化しているのである。これについては後ほど詳述しよう。

さて、この小咄は今も高座《こうざ》で語られている「平林」（関西では「たいらばやし」、関東では「ひらばやし」と呼称する）である。「平林」は、旦那の使いで手紙を届けることになった丁稚《でっち》（あるいは小僧）が、宛名の平林が読めず、読み方を尋ねてまわる噺である。尋ねる人尋ねる人、どの人も読み方が違うので、困った丁稚は「全部の読み方を大声で言って歩けば、きっとどれかが正しくて、宛名の人が聞きつけてくれるだろう」と考え、「タイラバヤシかヒラリンか、イチハチジュウのモークモク、一ツと八ツでトッキッキッ」と節をつけてふれ歩く。このフレーズがなんともいえず耳に残る噺となっている。私も子どもの頃この噺を聞いて一度で覚えた。策伝の創作が姿を変えながら、四百年近くの時を経て今につながっているのである。『醒睡笑』には、策伝が聞き覚えた落とし咄が記述されているのであるが、この小咄は策伝のオリジナルだと考えられている。そもそも平林というのが、「策伝の俗名だったのではないか」という説や、「策伝が御咄衆だった時、平林平太夫を名乗っていた」といった説がある。

この落とし咄は、『きのふはけふの物語』にも出てくる。この書は『醒睡笑』と同時期に発刊されたと思われるが、作者が不明である。策伝が作者ではないかとも言われている。

上京に、ひらばやしと云人あり。此人の所へ、ゐ中より文をことづかりけるが、このもの平《ひら》林《ばやし》、といふ名をわすれて、人によませければ、「たいらりん」とよむ。「そのやうなる名にてはない」とて、又よの人に見せければ、「是はひらりん殿」とよみける。「是でもない」とて又さる者に見すれば、「一八十ぼくぼく」とよむ。

此内ははづれじとて、のちには此文をささのはにむすび付て、かつこをこしに付て、「たいらりんかひらりんか、一八十にぼくぼく、ひようりやひようりや」とはやし事をして、やがて尋ねあうた。

（宮尾與男訳注『きのふはけふの物語 全訳注』）

〔上京地域に平林という人がいた。この人のところへ、田舎から手紙を言付かったのであるが、預かった者が「ひらばやし」という読みを忘れてしまった。そこで人に宛名を読んでもらうと、「たいらりん」と読む。「そんな名ではない」と思い、別の人に見せると「これは、ひらりん」と読んだ。「ひらりんでもない」と考えて、別の人に見せれば「いち、はち、じゅう、もく、もく」と読んだ。今までの読み方の中に正解はあるだろうと、笹の葉に手紙を結びつけて、太鼓を腰につけ、「たいらりんか、ひらりんか、いち・はち・じゅうにもくもく。ひゃらり、ひゃらり」と囃したてながら尋ねてまわった〕

『きのふはけふの物語』のバージョンだと、かなり現在の形に近いことがわかる。次に取り上げる小咄も、現在のネタへとつながっているものである。

大客《おおきゃく》のあらんよしを舅《しゅうと》聞きつけ、俄《にわ》かに造作《ぞうさく》をするゆゑ、材木をえらばず。節穴《ふしあな》多しとて、気の毒に思へり。かの娘《むすめ》、夫に教ゆるやう、「見舞にゆかれんに節穴の事を申されば、『短冊《たんざく》や色紙にて張りたまへ』といはれよ」。もっともに思ひ、行く。案のごとくの時宜《じぎ》なりき。舅大いによろこび、「この年月聟《むこ》をうつけといひつるはうそや」と。その後、舅に腫物《しゅもつ》出来たり。また見舞に行き、見参して、「もし薬を知り給はぬや。ただ、腫物の上に、短冊色紙をおしたまへ」と。

（巻之一「鈍副子」）

〔大切な客を迎えることになった妻の父は、急に家を改築したので、じっくりと材木を選ぶことができず、節穴の多い柱となってしまった。これを気の毒に思って見舞いに行くのだが、妻は「お見舞いに行った時に、節穴のことを気にしているようなら、そこに短冊や色紙を貼ればよいとおっしゃい」

と夫に教えた。なるほどと思って行ってみると、予想通りに事が展開した。妻の父はよい案だと大いに喜び、「以前からこの婿はバカだと思ってきたが、間違いだった」と言う。その後、妻の父に腫れモノができたので、また見舞いに行った。そして「良い薬を知っております。腫れモノの上に短冊や色紙を貼ればよいのです」と」

これは現在の落語「牛ほめ」である。「牛ほめ」は、おじの新築の家をほめに行く男が主人公である。おじをいい気分にさせて小遣いをもらおうというわけだ。家をほめそこなって、次に牛をほめるのである。新築の家の柱にあるふし穴を気にするおじに、「秋葉山の御札(火の用心の祈願になる札)を貼ればよい」とアドバイスする。ここに出てくる場面が、ほぼそのまま語られるのである。

この噺の興味深いところは、家をほめるという行為である。古代から「国ほめ」などは宗教的行為である。ある種の呪術なのだ。言霊《ことだま》信仰を基盤として、何かをほめたたえることで予祝するのである。また、時衆(時宗)の人々は「庭ほめ」「屋敷ほめ」「柱ほめ」などを行ったとされる(五来《ごらい》重《しげる》『踊り念仏』参照)。日本の芸能史において、時衆の人々の存在を見落とすわけにはいかない。「ほめる」という宗教行為と、祝祭芸能との関係から考えてもなかなか味わい深い噺なのである。

落語の源流

今日、落語とは「衣装や道具を極力使わず、和服を着て高座で正座をして、一人で語る語り芸能」と定義されている。このような芸能は世界で落語だけらしい。スタンダップコメディや漫談の形態は世界中で見ることができる。しかし、一人の人物が和装で正座したまま、メーキャップも衣装も背景も伴奏もなしで行う素噺なのだ。これはめずらしい。なぜこのような形態の芸能が日本にだけ生まれたのか。それはおそらく日本仏教の説教の形態が影響していると思われる。そもそも「高座」は僧侶が説教する場を指す用語であった。「前座」も説教者たちの用語である。「まえざ」と読む。

すでに仏教の説教の方では「高座で語る」といった形が崩れてしまっている。多くは演台を使って講演・講義形式となっている。ところが落語はいまだに伝統的な説教の形態を引き継いでいるのである。しかも誕生から約四百年、ずっと庶民の娯楽として活躍し続けてきた。一時期衰退しても、また静かなブームが訪れる。落語は常に求められ続けてきたのである。これは我々の文化風土や体質に合ったものであることの証左だ。

さて、もう少し落語の濫觴《らんしょう》について述べよう。

策伝は、稀代の説教者であったと思われる。清涼殿で「観経曼荼羅」を進講したというのは、「当麻《たいま》曼荼羅《まんだら》」の絵解きであったのだろう。師事した禅林寺の智空は、曼荼羅の絵解きを得意としていたとも言われている。策伝は絵解きや落とし咄の技法を駆使しながら、仏法を説く人物だったのである。

また、策伝と同時期には浄土真宗の僧侶・浅井了意《りょうい》がいる。浅井了意は仮名草子の作家でもあった。そして、安居院流説教の名手だったと言われている。後世への影響も大きく、特に「四谷怪談」「皿屋敷」「牡丹灯籠《ぼたんどうろう》」などの怪談もののジャンルを確立した功績は大きい。

このように、近世になると、有名無名の説教者たちが日本各地で活躍したのである。これは幕府の宗教政策の影響もあったと思われる。江戸時代は幕藩体制において危険視される宗教を禁止し、伝統教団においても共存するように誘導した。宗論（宗教論争）なども禁じたのである。そのため、各宗派のエネルギーは内部へと向けられ、それぞれに精密な教義・教学を構築するようになる。さらに伝道・布教にも熟達していったのである。いわば日本宗教文化の成熟期なのだ。

このように高度に発達した説教の影響を受けて、語り芸能も大きく展開することになる。仏事祭礼など、人の集まる場所では大道や野天で語る芸能者たちが登場する。京では露の五郎兵衛《つゆごろべえ》（一六四三年？－一七〇三年？）が出る。この人が職業噺家第一号である。元は日蓮宗の僧侶であった。おそらく説教者として有能な僧だったことであろう。芸能者として大活躍する。各務支考《かがみしこう》は『本朝文鑑』において、「此者は夷洛に名を知られて洛陽の仏事祭礼に彼が芝居を張らざる事なし、世に云ふ辻噺《つじばなし》の元祖なりと」と述べている。この人の活躍は松尾芭蕉も興味をもったほどであった。

露の五郎兵衛は、床几《しょうぎ》の上で、扇子《せんす》を片手に語った。「はんじもん」（クイズ）などもやったようだ。露の五郎兵衛は晩年に入道（僧形で世俗の生活を送る者）として露休を名乗っている。実のところ、芸能者になる以前の僧名が露休であったのか、芸能者をやめて再度僧侶となって露休を名乗ったのか、詳細はよくわからない。いずれにしても、露の五郎兵衛は「僧形」で語っていたようである。
『露がはなし』を著しており、また遺稿集として『軽口あられ酒』『露休置土産』などがある。露の五郎兵衛は『醒睡笑』の内容なども使って辻噺や軽口噺をした。現在でも演じられるネタ（もちろん現在のネタの原型だが）として、「按摩《あんま》の炬燵《こたつ》」(2)「池田の猪《しし》買い」(3)「親子酒」(4)「山号《さんご》寺《じ》号《ごう》」(5)「高砂《たかさご》や」(6)「辻占茶屋《つじうらぢゃや》」(7)「道具屋」(8)などを確認することができる。

露の五郎兵衛に続いて、大坂では米沢彦八（？－一七一四年？）が世に出る。彦八は生國魂神社《いくくにたまじんじゃ》や四天王寺、道頓堀などを拠点として辻噺を語った。露の五郎兵衛とは約三十～四十歳の年齢差がある。彦八は「仕方物真似《しかたものまね》」をやったとされている。仕方とは、役者のモノマネなどをすることである。また、大黒頭巾、立て烏帽子《えぼし》、編笠、湯呑茶碗などを小道具に使っていた。頓智話《とんちばなし》として知られる「彦一ばなし」も、彦八がモデルとされる。著作の『軽口御前男《かるくちごぜんおとこ》』や『軽口大矢数《おおやかず》』を見ると、今日の「有馬小便《しょんべん》」（後出）「寿限無《じゅげむ》」「味噌蔵」(9)「景清」(10)などの祖形がある。

実は米沢彦八は二代目の方が世間に知られた存在であった。二代目は京へと移り、祇園・北野・東寺などを拠点とした。二代目の活躍のおかげで、辻咄家をヒコハチなどと呼称したらしい。ただ、後世ではヒコハチは大道芸人の別称としても使われた。これで京は、「露休流」「米沢流」の二派が大きな勢力として台頭する。その後、京都の落語界は、四代目・彦八が死んでから下降してしまうのだが。

『足薪翁記』で柳亭種彦は、彦八のことを「難波の産なり。かの五郎兵衛の類にて、軽口咄しに名あり」と述べている。

初代・彦八に続いて、江戸に登場するのが、鹿野武左衛門《しかのぶざえもん》（一六四九年－一六九九年）である。彦八よりも年長で、露の五郎兵衛の六歳下だった。もともと上方《かみがた》の生まれで、塗師《ぬし》職人だったとも言われる。関西風の語り芸能を身につけて江戸へと移ったようだ。『鹿野武左衛門口伝ばなし』や『鹿の巻筆』を著している。武左衛門も彦八同様、三味線や鼓《つづみ》などを使った模様である。武左衛門は今日でいうところの「武助馬《ぶすけうま》」（芝居で馬の足をすることになった男の噺）を語ったらしい。ところが当時の風俗規制に引っかかり、流罪になったと言われている。しかし、本当のところは不明である。

山東京伝は『近世奇跡考』において、「元禄の頃、江戸に座敷仕型ばなしといふ事おこなはる。長谷川町の鹿野武左衛門といふ上手なり」と記している。大名や豪商の屋敷などに呼ばれて演ずることも多かったようで、結果的に、辻噺から始まった上方の芸はにぎやかで笑わせる傾向が強いのに対して、座敷などにおいてじっくりと聞かせる江戸落語の性格にも影響したと言われている。

武左衛門以降も、語り芸をする人たちが出ては消えていった。辻噺だったり、料理屋の座敷だったり。遊里などでも芸人が出る。寛政期（一七八九年～一八〇一年）における風俗締め付け・質素倹約という政策によって、しばらく下火となった「噺」だったが、烏亭焉馬《うていえんば》（一七四三年－一八二二年）のようなシロウトによる「噺の会」が各地で始まる。烏亭焉馬は、大工の棟梁の家に生まれた。好きで噺の会などを開催する。幕府の風紀粛正を逃れるため、「宇治拾遺物語披講」などといった名称で、逃れたりもした。立川談州楼焉馬とも名乗っている。弟子からは式亭三馬や柳亭種彦も出た。立川焉馬の名は三代まで続いている。

そして、寛政十年（一七九八）、江戸と大坂で「寄席興行」が始まる（もっと早いという説もある）。寄席文化の始まりである。初代・三笑亭可楽《さんしょうていからく》（一七七七年―一八三三年）が下谷《したや》の稲荷社《いなりしゃ》（現在の下谷神社）の境内に寄席の看板をあげる。ただ、少し先だって、大坂の噺家・岡本万作が寄席興行をやっている。可楽は櫛《くし》作り職人の男であった。岡本万作の寄席興行に刺激を受けて、稲荷社で始めたと言われている。元は「花楽」を名乗っていたが、贔屓客《ひいききゃく》から「虎渓三笑《こけいさんしょう》」から「三笑亭」としたらどうだと勧められ、「山椒は小粒でもぴりりと辛い」をもじって三笑亭可楽としたらしい。「虎渓三笑」は、廬山《ろざん》の慧遠《えおん》にまつわる故事である（第二章参照）。

一方、上方では天明・寛政年間（一七八一年〜一八〇一年）に松田弥助（生没年不詳）が京から大坂へと拠点を移して、「浮世咄」（世間の出来事をおもしろおかしく語る）として活躍する。松田弥助は、前に台を置いて、拍子木を鳴らして語った。『臍《へそ》の宿替《やどが》え』という著作もある。さらに、弥助の門下から桂文治（一七七三年―一八一五年）が出る。桂派の元祖である。現在では「文治」は関東の名になっているが、もともとは上方の大名跡である。桂文治は坐摩《いかすり》神社で「席」を開始する。大坂の寄席の始まりである。文治は「蛸《たこ》芝居」[11]や「崇徳院《すとくいん》」[12]などを残している。松田弥助との共著『おかしいはなし』もある。文治は高座において見台・鳴り物・拍子木を使った。これは今日でも上方落語の特徴となっている。

それでは落語の源流たる人々の残した〝語り〟を読んでみよう。

『露休置土産』は露休（露の五郎兵衛）の追善《ついぜん》のために佳作を集めた遺作集である。序文を見ると、次のようになっている。

虚言《うそ》と軽口とを一荷《いっか》にして、四条河原の夕涼み、又は万日の回向《えこう》、ここかしこの開帳所《どころ》に場どりし、数万《すまん》の聴衆《ちょうじゅ》に腹筋《はらすじ》をよらす都の名物入道露休、過ぎにし元禄ひつじの秋、閻浮《えんぶ》を去りし追善に、露休が一生、はなしの控へ帳をくりひろげ、いまだ世間《よのなか》の人に笑はせぬ噺を取りあつめ、旧《ふる》きは選《え》りすて、新しきを拾ひ寄せて、露休置土産と名付け、全部五巻《いつまき》とし、長旅の船路、あるひは雨夜《あまよ》のなぐさみにも、貴からずして高位の御意に入り、月待日待《つきまちひまち》の席には、軽ふて奈良茶ぐらゐになすは、ひとへに咄の徳と思ふ故に、一首。

露とのみ消へし法師が言の葉は　人の耳にもをきみやげかな

（武藤禎夫校注『元禄期軽口本集　近世笑話集(上)』）

〔ウソと軽口を身につけて、四条河原の夕涼み時分や、一回が万日に相当する法要がある時、御開帳の際など、あちらこちらの場に登場して、数万の聴衆にお腹を痛くするほど笑わせる都の名物・露休入道。元禄・未《ひつじ》の年にこの世を去った。その追善として、露休が一生かけて語った噺、噺の控え帳からいまだ世に出ていない笑い噺を取り集め、古いものは選び捨てて、新しいものを寄せて、露休置土産と名づけて全五巻の書とした。長旅の船路、あるいは雨の夜のなぐさみに使ってください。立派な心はもっていないのに高い位の人の意向に沿って、月の出や日の出を拝む行事に臨席した際など、茶めしの代わり程度にはなる。これも断の徳である。そこで一首。

露のようにはかなく消えていった法師の言葉は、人の耳への置き土産なのである」

序文によれば、数万の聴衆が腹をよじらせて笑ったとある。他界後、追善のために、未発表のものを含めて本にするのであるから、いかに露の五郎兵衛が当時の人々の心をつかんでいたのかがわかる。

露の五郎兵衛は、たとえば次のような咄をしていた。

ある人、頭巾《ずきん》を買ひに行き、「この頭巾、何程」といふ。亭主聞き、「六匁《もんめ》五分《ふん》でござる」「それは高い。五匁に買はふ」「それなら、負けて進ぜう」。かの買手《かいて》、頭巾を取りて、「いや、これは付けぞこないじや。まづをきませふ」。亭主、腹を立て、「ここな人は、あきなひ見世《みせ》で小便《しょうべん》しやるか。ぜひとも売らねばをかぬ」。買手、迷惑して、「しからば、頭巾はをいて、この股引《ももひき》を買いませふ。これ何程」「この股引は六百でござる」「えい〱、三百に負けさしやれ」。亭主、はじめにこりて、「いかにも負けてやりませふが、又小便する事はならぬぞ」。買手聞き、「いや〱、小便のしられぬ股引ならば、買ふ事はならぬ〱」。

（前掲書、巻二「小便の了簡違ひ」）

〈ある人が頭巾を買いに行った。「この頭巾はいくら？」と聞くと、店の亭主は「六匁五分です」。「それは高い。五匁なら買おう」。「それならまけましょう」と決まった。ところが買い手は頭巾を手に取って、「いやこれはよくない品物だ。買うのはやめておこう」と言い出す。亭主は腹を立てて、「お前は商売している店で小便（ひやかしで帰ること）をするのか。どうしても買ってもらうぞ」と言う。買い手は困って、「それなら頭巾はやめて、この股引を買います。これはいくら？」。「この股引は六百です」。「いやいや、三百にまけなさい」。さっきのことがあるので亭主は、「まけろというならまけますが、また小便することはなりませんよ」。これを聞いた買い手は、「えっ、小便ができない股引なら、買うわけにはいかない」〉

この小咄は、現在の「道具屋」の中で語られている。庶民の日常を舞台に、登場人物のコミュニケーションを笑いに仕立てる内容となっている。二人の登場人物のやりとりを演者が語り分けると、今日における落語としての形態が出来上がる。露の五郎兵衛がどのような仕草で語っていたのかは不明だが、後年確立するいわゆる上下《かみしも》と称される人物の使い分けは、芝居の上手《かみて》と下手《しもて》の作法に則したものである。江戸時代において大いに発達した芝居の影響を受けていることがわかる。

次は米沢彦八を見てみよう。『軽口御前男』という書は、著者名が記されていない。しかし、これは彦八によるものだろうと言われている。序文には露の五郎兵衛の話題が出てくる。

この頃京都へ上りけるに、みやこの若き衆、「何と彦八、難波にあたらしい事はないか。うけたまはらん」「されば、ゆふべ淀川にて水が物申しました。何と〳〵」といへば、若き衆聞きたまひ、「水が物いふ、ふしぎにあらず。こちの宮古には、露がはなしをする」と仰せらる。その言葉《ことのは》をたねとして、さらば一はなし仕《つかまつ》りませふ。とうざい〳〵。（前掲書）

〔近頃、京都へ行くと、都の若い人たちが「おお彦八、難波に新しい事はないか。聞かせてくれ」と言う。「そうですな、ゆうべ淀川の水が言葉をしゃべりました。驚くべきことです」と応えれば、若い人たちはこれを聞いて「水が言葉をしゃべったなどと、不思議でも何でもない。なにしろこの都では、露が噺をする」とおっしゃる。そんな言葉をタネとして、まずはひと噺、語ってみせましょう。東西、東西〕

「この都では、露が噺をする」は、露の五郎兵衛のことである。それほど露の五郎兵衛は知られた存在だったのだ。彦八はこれをふまえていたのである。露の五郎兵衛は、策伝の『醒睡笑』の影響を受けていたと思われる。そして露の五郎兵衛の影響を米沢彦八が受ける、といった流れである。

では、『軽口御前男』の中から小咄を選んでみよう。

何をしても、裸で居て食ふほどの身すぎやある。何がな、あたらしい事仕出して、すぎはひにせんと、竹樋《たけどい》に気を付て、竿竹のふしをぬき、有馬へ行きて大声あげ、「二階から小便させふ」といひ歩けば、湯入衆《ゆいりしゅう》聞きて、「これはあたらしい」と呼びけるに、くだんの竹を、外から二階へ差出す。「これは竹が細い」といへば、「合点でござる」と、ふところなる漏斗《じょうご》をはめて差出したり。

（巻之四「有馬の身すぎ」）

〔どんなことをしていても、裸で暮らして、なんとか食べていくことができる程度はできるものだ。何か新しい仕事をつくって、なりわいにしようとした男がいる。竹樋にヒントを得て、竿竹の節を抜いて、有馬温泉へと向かい、大声をあげた。「二階から小便をさせますよ～」と、言いながら歩いているると、温泉客がこれを聞いて「これは新しい」と呼びかけた。男は節を抜いた竹を外から二階へと差し出す。客が「これは竹が細い」と言うと、「了解しました」と懐中から漏斗を取り出して、竹に付け、差し出した〕

現在でもかけられている「有馬小便《しょんべん》」である。竹が細いなどと言うところは、今日でいう破礼《ばれ》噺（艶笑噺《えんしょうばなし》）風である。落語を聞いていると、驚くほど零細でニッチな仕事が登場する。坂の下で待機していて、荷物をかついで坂を上る人の尻をおすといった仕事まである。人間にとっての「仕事」について、いろいろ考えさせられることになる。

次の咄はどうだろう。

さる所に、子二人持ちたるありけり。一人は継子《ままこ》なりければ、憎さのあまり、寺へ行きて長老様を頼み、子供の名を付けかへてもらふ。「兄は随分短き名、弟は秘蔵子《ひぞうご》でござります。なるほど長き名を」とこのみければ、長老様、「合点じゃ」とて、兄を如是我聞《にょぜがもん》、弟をば阿耨多《あのくた》羅《ら》三藐三菩提《さんみゃくさんぼだい》と付給ふ。ある時、如是我聞、川へ行て流れければ、近所の者出でて、「やれ、如是が流るるは」と、やがて引上げ、あやうき命助かりける。その後《のち》、また弟、水遊びして流れければ、母親、「悲しや、あたりに人はないか。阿耨多羅三藐三菩提が流れます」といふ間に、行衛《ゆくえ》なかりける。母親、ぬからぬ顔で、「三百を捨てたら、助かろものを」と泣かれた。

（巻之二「欲からしづむ淵」）

「あるところに、二人の息子をもつ母がいた。二人のうち兄は継子で、この子を憎く思っていた。寺の長老に頼んで子どもの名前をつけてもらうのに、「兄は短い名前でけっこうです。弟は大切な子ですので、できるだけ長い名前をお願いします」と頼んだ。長老は「わかった」と、兄に如是我聞、弟に阿耨多羅三藐三菩提とつけた。ある時、兄の如是我聞が川に流された。近所の者が「えらいことだ、如是が流されているぞ～」と声をあげ、引き上げられて命が助かった。その後、今度は弟の方が水遊びをしていて、川に流された。母は「大変なことだ、あたりに人はいませんか。阿耨多羅三藐三菩提が流されています～」と言っている間に、行方知れずとなった。母はだらしない顔で「つまらないことにこだわらなければ、助かったものを」と泣いた」

これは〝仏典から子どもの名前をつける〟〝長い名前を笑う話〟のパターンである。同じように長い名前を笑う噺である「寿限無」と比べて、少しブラックな仕立てになっており、弟は行方知れずになってしまう。サゲのせりふがわかりにくいが、当時、「三百」は安物・無価値という意味があったので、「つまらないことにこだわって、ひどい目に遭った」といったところか。この小咄などは、自らの愛着や偏執によって苦が生じるといった説教の題材にすぐ転用できそうな内容である。ちなみに、序章で取り上げた「長名《ながな》」（上方の「寿限無」の古い型）も、最後は井戸で溺れ死にしてしまう。人間国宝であった三代目・桂米朝（一九二五年－二〇一五年）は、サゲが残酷なので「長名」は消えてしまったのではないかと話していたそうだ。

仏教に関する落とし咄をいくつか取り上げよう。

今度道頓堀千日の墓の前に、新地仰せ付けらるるに、若き者寄合《よりあっ》て、「ここは何町にならふぞ」といひければ、「長町裏なれば、宿屋町にならん」といふ。「いや、色町にならん」とせりあひける。「色里になるいはれは」といへば、「されば、西は千日寺、南は墓、煩悩即菩提《ぼんのうそくぼだい》で、離れたものではないはさて」。

（巻之一「千日寺の新地」）

〔このたび道頓堀・千日の墓地の前に新地ができることとなった。若者たちが寄り合っては、「ここは何の町になるのだろう」と噂をする。「長町裏なので、宿場町だろう」と言う者、「いや、色町だろう」と言う者、それぞれに言い合う。「なぜ色町になるのか？」と問えば、「それはだな、西には千日寺、南には墓地がある。煩悩即菩提（欲望と悟りはひとつ）、離れたものではないからな」〕

東本願寺の門跡様へ、お剃刀《かみそり》いただくとて、さる在所のお婆、始末で仕立てた継ぎ〳〵の布《ぬの》子《こ》着て、御対面所へあがれば、門跡様も御出あり。継ぎ〳〵にむつとなされ、「これ着せよ」とて、お召しのお白小袖着かへさせ、お剃刀あて給ふ。婆帰りて、この由をいひければ、地下《じげ》中寄合ひ、婆にみあかしやりて、かの小袖をほどき、少しづつもらひ、あやからんといふ。隣在所の者望む。「何にめさる」「お珠数袋のお表にいたします」といへば、婆、腹を立て、「そなたは、お珠数袋のお表にすると言はるるは、帰参じやさかいで、いよ〳〵ならぬ」といふた。

（巻之四「石より堅い門徒宗」）

〔東本願寺の門跡へ「お剃刀」（髪をおろすことをかたどった、在家の門徒としての儀式）を受けにいくことになったある田舎のおばあさん。これまで始末してきて作ったつぎはぎの着物を着て、門跡との対面所に上がった。そこへ門跡が登場。つぎはぎの着物にむっとして、「これに着換えなさい」とお召しの白い小袖に着換えさせて、お剃刀の儀式を行った。おばあさんが帰宅した後、この話を近隣にしたところ、皆が集まってきて、おばあさんを仏さま扱いしてお灯明《とうみょう》をあげて、「その小袖をほどいて、少しずつもらって、あやかりたい」と言い出した。おばあさんが「そんなものを何にするのか？」と尋ねると、「お数珠を入れる袋の表にします」と答える。おばあさんは腹を立てて、「あなたはお数珠袋の表にするというが、それでは（西本願寺に）帰ることになるみたいだから、絶対にだめだ」と言った〕

後者の咄はサゲが難解だ。当時、西本願寺を表方、東本願寺は裏方と通称したらしい。東本願寺は西本願寺から離脱した系統なので、「表にするというのは、西本願寺に帰参するみたいだからだめだ」ということらしい。小咄のタイトルになっているごとく「真宗門徒のかたくなさ」を笑いにしているのである。浄土真宗という宗派については後述している。説教と落語を考察する上で、看過できない宗派である。

次に取り上げる『かの子ばなし』は、著者も編者も不明であるが、鹿野武左衛門に関わる人物によるものだと思われる。タイトルも「鹿の弟子の話」という意味かもしれない。序文は、「富楼那《ふるな》の軽口二千六百年以前、曽呂理百年、これ又あたらしとせず。近頃鹿氏《しかうじ》そんぞれといふ者、ここにおどけ、かしこに戯《ざ》れて、世人の頤《おとがい》をふさがず。かれが舌根《ぜっこん》を一たびふるへば、十王もふき出し、三途の姥も口をつぐみて笑ふ」〔説法に優れたと言われる釈迦の弟子・富楼那尊者の軽口は二千六百年も前のこと、曽呂利新左衛門は百年前、軽口は昔からあります。近ごろで鹿の何某という者が現れて、こちらでおどけ、あちらで戯れ、世の中の人を笑わせている。この男がひとたび噺を始めれば、地獄の裁判官である十王たちもふき出し、三途の川で衣服をはぎ取る奪衣婆《だつえば》も黙って笑う〕となっている。鹿野武左衛門の生涯は不詳だが、江戸の人々に笑いを提供したことは間違いなさそうだ。

では『かの子ばなし』に掲載されている小咄を、ひとつだけ取り上げよう。

本所回向院三十三年忌のとぶらひ回向あり。老若男女袖をつらね参詣する中に、いづくより か参りけん、やつこ一人、鍾馗《しょうき》、樊噲《はんかい》もそこのけといふほどの男、物干竿ほどの脇差をさし、老若と打ちまじり、念仏申しいたり。このやつこ、何とかしたりけん、下帯のさがり解けるが、それをも知らで、ただ一向に念仏申しける。人々押合ひける中に、六十ばかりの婆、かの下帯のさがりを見付けて、「さて〳〵貴《とうと》や。こなたに善の綱が解けてある」とて取付きければ、二三十人も取付き、念仏拍子にて引きけるにより、やつこ、物も得いわず、目を白くして、念仏も打忘れ、「ああいたな〳〵」といひけり。（前掲書、下巻「やつこは思はぬしやしん」）

〔本所の回向院で三十三回忌の法要があった。老若男女が連なって参詣する中、どこから来たのか野卑な男が一人、道教の神・鍾馗や中国の武将・樊噲に勝るとも劣らない体格の男、物干し竿ほどの脇差をさし、老若の中にまじって念仏している。この男、どうしたことか、下着の帯がほどけて下がってしまっている。それとも知らず、ただひたすら念仏している。人々が混雑で押し合っている中、六十歳ほどのおばあさんが、男の下着の帯が下がっているのを見つけ、「これは尊いことだ。ここに仏さまとご縁が結べる綱がある」と、この帯を引っ張った。これを見て二十〜三十人も帯を持って引っ張り始めた。この男は物も言えず、眼を白くして、念仏も忘れてしまい、「ああ、痛い、痛い」と言った〕

仏像の手に結んだ紐や綱を手に持つという形態は、各所に見ることができる。仏の導きを期待する行為である。この小咄のタイトル「やっこは思はぬしゃしん」は、「奴は思わぬ捨身」だろう。捨身とは、我が身を打ち捨てて、求法《ぐほう》のため、利他のために尽くすことである。ここでは、思わぬひどい目に遭ったことを、仏前だったために捨身と表現したのである。

以上、落語の源流となった三人の芸能者が残した小咄を読んだ。いずれの書を読んでも、その中に現在においても語られているネタの原型が数多く確認できる。また、仏教・寺院・僧侶にまつわる小咄も少なくない。

このようなテキストは、『沙石集《しゃせきしゅう》』などと同様の雰囲気をもっている。そして説法の方でも多くの書籍が上梓《じょうし》されている。説教本や談義本などと呼ばれる著作である。浄土宗の僧侶・讃誉牛秀《さんよぎゅうしゅう》が著した『説法色葉集』では、布教伝道に関する指南が細やかに述べられている。あるいは、『刈萱《かるかや》道心行状記』『さんしょう太夫事績考』といった説話に関する説教本に出ている。すなわち、説教の場で語られる物語と、芸能の場で語られる物語とは、かなり共有部分があったのである。

近代落語の成立

江戸の寄席は、可楽以後、文政期（十九世紀前半）には百二十五軒にもなったらしい。一方、文政期の大坂では、桂・笑福亭・立川・林家の四派が揃っている。初代・松富久亭松竹《しょうふくていしょうちく》（生没年不詳）が「初天神」[13]「立ち切れ線香」[14]「猫の忠信」[15]を語り、笑福亭吾竹（生没年不詳、この人が松富久亭を笑福亭に変えた）が「こぶ弁慶」[16]などを作った。

三遊亭圓朝

幕末から明治にかけて、近代落語確立の功労者・三遊亭圓朝が登場する。圓朝は可楽十哲に数えられているが、直接の門人ではない。特に人情噺と怪談において大きな功績がある。(17) 人情噺では「文七元結」(18)「芝浜」(19)、怪談では「牡丹灯籠」(後出)「真景累ヶ淵《しんけいかさねがふち》」(20) などが今日でもよく知られている。

圓朝が仏教にも通じていたことは有名である。圓朝の兄は玄昌(後に永泉)という僧名の出家者となっている。圓朝が十四~十五歳の頃は、谷中の長安寺で母と共に同居していた。こうして幼少期からの仏縁もあったが、後年、圓朝の信仰の道筋をつけたのは山岡鉄舟である。山岡鉄舟は、すでに名声を得ていた圓朝に対して、「昔話の桃太郎を語ってみろ」と要求する。そして「桃太郎」を語った圓朝に、「口先で語っているから桃太郎が死んでいる」と酷評したという。山岡の導きで圓朝は仏教を学ぶようになる。伊達千広(本名・宗広。陸奥宗光の父)とも知り合い、天龍寺・滴水《てきすい》和尚の元へと通い、「趙州無字《じょうしゅうむじ》(狗子仏性《くしぶっしょう》)」に取り組んだ。これは公案の中でも最もスタンダードなもので、「ある僧が趙州和尚に問うた。犬には仏性が有るのでしょうか、無いのでしょうか。すると趙州は答えた、『無』と」といったものである。公案とは、師が弟子を導くために用いる問答、あるいは問題のことである。『碧巌録《へきがんろく》』や『無門関《むもんかん》』などが公案集として知られている。公案を使った禅を看話《かんな》禅とも言う。「趙州無字」でもわかるように、合理的な解答を目指すのではなく、師と弟子が真摯に向き合い、ぎりぎりのところで何を為すべきかを養い、仏道への歩みを進めていく手立てとなる。「公案」という言葉は、芸道の創意工夫にも使われ、世阿弥などは繰り返し用いている。

圓朝は滴水和尚から、「舌を動かさず、口を結んで話してもらいたい」などと難題を押しつけられたようだ。しかし、禅の導きによって、言葉を超えて何かを語れる境地を得たようである。やがて滴水から「自在に語れるようになった」と認められ、「無舌居士」の居士号をもらっている。言葉を使う仕事に邁進しながら、言葉から離れる、そんな理想を表した居士号である。圓朝には「閻王に舌を抜かれて是からは　心のままに偽《うそ》も云はるる」という歌も残っている。

圓朝は山岡鉄舟の臨終にも駆け付け、臨終の枕元で落語をしたという。また、鉄舟死後は、身延《みのぶ》山《さん》信仰・法華《ほっけ》信仰へと歩みを進める。若い頃から、法華信仰をテーマとした「鰍沢《かじかざわ》」(21)を創作してはいたが、加齢に連れてその傾向は強まったようだ。これは妻・お幸が熱心な法華信者であったこと、また当時の江戸は法華信仰が盛んであったことなどによると思われる。

それでは圓朝の「牡丹灯籠」を取り上げて紹介しよう。

萩原新三郎という浪人者が顔見知りの医者の宅に伺ったところ、治療に来ていた武家のご令嬢・お露と出会い、互いに一目ぼれとなる。新三郎とお露は恋仲になるものの、かたやしがない浪人者、結局別れさせられてしまう。

ある夜、新三郎が家にいると下駄の音が聞こえる。こんな時間に誰が歩いているのだ、と気になって外に出てみると、牡丹の絵柄の美しい提灯《ちょうちん》をぶら下げてお露と女中のおヨネが歩いて来る。
この場面の描写は、

縁側へちょっと敷物を敷き、蚊遣《かやり》を薫《くゆ》らして新三郎は白地の浴衣を着、深草形の団扇を片手に蚊を払いながら、冴え渡る十三日の月を眺めていますと、カラコンカラコンと珍らしく下駄の音をさせて生垣の外を通るものがあるから、ふと見れば、先きへ立ったのは年頃三十位の大《おお》丸髷《まるまげ》の人柄のよい年増にて、その頃流行《はや》った縮緬細工《ちりめんざいく》の牡丹芍薬《ぼたんしゃくやく》などの花の附いた燈籠《とうろう》を提げ、その後から十七、八とも思われる娘が、髪は文金の高髷に結い、着物は秋草色染の振袖に、緋縮緬の長襦袢《ながじゅばん》に繻子《しゅす》の帯をしどけなく締め、上方風の塗柄の団扇を持って、ぱたりぱたりと通る姿を、月影に透し見るに、どうも飯島の娘お露のようだから、新三郎は伸び上り、首を差し延べて向うを見ると、向うの女も立止まり、

女「まア不思議じゃアございませんか、萩原様。」

（三遊亭円朝『怪談　牡丹燈籠』）

となっている。細かな情景描写が聞き手を独特の世界へと誘ったことであろう。
お露に再会できた新三郎は、喜んで二人を招き入れる。それから毎晩、お露が訪ねて来る。近所の者がその様子をのぞいてみると、新三郎が楽しそうに話し掛けている相手はなんと骸骨。実は新三郎に思いを寄せながら、お露は病で死んでいたのである。それを追うようにおヨネも死んで、も

はやこの世のものではない。新三郎も日に日にやつれていく。これはいかんと周囲の者が新三郎を助けるために、僧侶に頼み込んで、家の出入り口にお札を貼ってもらう。お露はお札があるために新三郎の家に入れない。

札をはがしてほしいと懇願するお露とおヨネに、新三郎の心は揺れる。お露・おヨネは、下男の伴蔵を使ってお札をはがす。おヨネの照らす牡丹灯籠の後に、お露と新三郎がついていく。後にお露の墓をあばいてみると、棺の中にはお露の骸骨を抱いた新三郎が入っていた。

こんな噺である。

この原話は中国・明《みん》の『剪燈新話《せんとうしんわ》』だと言われているが、浅井了意が『御伽婢子《おとぎぼうこ》』において書いたことで知られている。近世日本の怪談は、鈴木正三『因果物語』や上田秋成『雨月物語』など、仏教的怪異譚が発達していた。これに加えて、鶴屋南北などの怪談狂言もあったわけで、近世後期以降の落語が仏教説話や芝居から大きな影響を受けて発達したことがわかる。

また、作家の岡本綺堂《きどう》がこんな文章を書いている。

「お前、怪談を聴きに行くのかえ。」と、母は嚇《おど》すように云った。

「なに、牡丹燈籠なんか怖くありませんよ。」

速記の活版本で多寡をくっていた私は、平気で威張って出て行った。ところが、いけない。円朝がいよいよ高坐にあらわれて、燭台の前でその怪談を話し始めると、私はだんだんに一種の妖気を感じて来た。満場の聴衆はみな息を嚥《の》んで聴きすましている。伴蔵とその女房の対話が進行するにしたがって、私の頸のあたりは何だか冷たくなって来た。周囲に大勢の聴衆が、ぎっしりと詰めかけているにも拘らず、私はこの話の舞台となっている根津のあたりの暗い小さな古家のなかに坐って、自分ひとりで怪談を聴かされているように思われて、ときどきに左右を見返った。今日《こんにち》と違ってその頃の寄席はランプの灯が暗い。高坐の蠟燭《ろうそく》の火も薄暗い。外には雨の音がきこえる。それらのことも怪談気分を作るべく恰好の条件になっていたに相違ないが、いずれにしても私がこの怪談におびやかされたのは事実で、席の刎《は》ねたのは十時頃、雨はまだ降りしきっている。私は暗い夜道を逃げるように帰った。（『綺堂芝居ばなし』）

圓朝の語りの力が大変なものであったことが知られる。綺堂は高座よりも先に速記本を読んでいたようだ。この当時、圓朝の噺は速記本で出版されていた。しかし、実際に語りの場に身をおいて、速記本では見えなかった世界を実感するのである。

また、圓朝の怪談では最も有名な「真景累ヶ淵」は、常州あたりに伝わる「累《かさね》伝説」をベースとして、圓朝が壮大な仏教的因縁噺に仕上げた傑作である。その語り出しは次のようなものである。

幽霊というものはない、まったく神経病だということになりましたから、怪談は開化先生がたはおきらひなさることでございます。それゆえに久しく廃っておりましたが、今日《こんにち》になってみると、かえって古めかしいほうが、耳新しいように思われます。これはもとより信じてお聞きあそばすことではございませんから、あるいは流違《りゅう》ひの怪談ばなしがよかろうというお勧めにつきまして、名題を真景累ケ淵と申し、下総国羽生村と申す所の、累の後日のお話でございまするが、これは幽霊が引き続いて出まする、気味の悪いお話でございます。

（三遊亭円朝『真景累ヶ淵』）

当時すでに「幽霊などいない、神経症的な幻覚だ」といったことが言われていて、怪談自体が時代錯誤のようにすたれていたらしい。時は近代知性の黎明期である。だから圓朝は、神経と真景をかけたのである。

また、圓朝の作として注目したいのが「黄金餅《こがねもち》」だ。これは下谷山崎町の裏長屋に住むインチキ坊主の西念と、隣の部屋に住む金山寺味噌売りの金兵衛の噺である。

たまたま隣の家を覗いていた金兵衛は、病気で今にも息を引きとろうとする西念が、ためこんでいた小金を餅と一緒に飲み込んでいる場面を目撃する。西念の「誰にも渡したくない」という恐ろしいほどの執着心である。

これを知った金兵衛は、西念の死骸を火葬して、なんとかその金を横取りしようとする……。語り口によってはずいぶん陰惨な噺になってしまう。人間のあくなき欲望がむき出しとなるストーリーである。ここには、単なる落とし咄に終始するのではなく、「人間」を描こうとした圓朝の意図が読み取れる。

昭和の名人といわれる古今亭志ん生は、これを高座にかけるまで八年の下準備をしたそうである。人間の欲望丸出しの描写を語りながら、なおかつ嫌な気分にさせることなく客に喜んでもらうためには、どうすればよいのか。それに八年かかったというのだ。かなりの難物なのであろう。

■落語の共振力

圓朝の功績は落語だけにとどまらない。日本の「言文一致運動」にも影響を与えた。圓朝の速記本は、二葉亭四迷の『浮雲』などにもつながっているのである。実は夏目漱石や正岡子規など、落語好きで知られる文人・知識人は多い。漱石の『吾輩は猫である』などは落語の影響なしには語れない。また、『三四郎』の中には、三代目・柳家《やなぎや》小さん（一八五七年－一九三〇年）を語る場面がある。「小さんは天才である」と書いている。

そもそも漱石と子規は、互いに落語好きということで仲良くなったのである。このような事情は現在でも変わらない。文化人の落語好きは多い。藤本義一は『鬼の詩』で噺家の執念を描いて直木賞を受賞している。

映画においても、「幕末太陽傳」（監督：川島雄三。出演：フランキー堺ほか）、「の・ようなもの」（監督：森田芳光。出演：伊藤克信、秋吉久美子ほか）、「寝ずの番」（原作：中島らも。監督：マキノ雅彦。出演：中井貴一、木村佳乃ほか）、「しゃべれどもしゃべれども」（原作：佐藤多佳子。監督：平山秀幸。出演：国分太一ほか）、「落語娘」（原作：永田俊也。監督：中原俊。出演：ミムラほか）など、落語が数多くの作品のモチーフとなっている。特に「幕末太陽傳」は難病ALSに苦しんだ川島雄三の死生観も投影されており、名作の呼び声が高い。コラムニストの中野翠が、著書『今夜も落語で眠りたい』（文春新書）でこの映画を絶賛している。

あるいは、マンガの世界でもしばしば落語が描かれている。『寄席芸人伝』（古谷三敏）、『どうらく息子』（尾瀬あきら）、『昭和元禄落語心中』（雲田はるこ）などは、いずれも高く評価されている。落語は「和装でたったひとり、正座して語る」と、とても制限された話芸であるにもかかわらず、いくつもの領域で共振現象を生み出しているのだ。

いや、落語はとても動きが制限されているがゆえに、多くの共振現象を起こすともいえる。それが落語の特性なのだ。落語は聞き手のイマジネーションに頼った話芸である。語り手が発信したものを、聞き手がキャッチして何倍にも増幅させて楽しむのだ。

そのため、落語は「聞き手のイメージを限定しない」ことに腐心する。たとえば、「向こうから樹木希林のようなおばあさんが来るね」などと語ってしまうと、聞き手のイメージは樹木希林一色になってしまう。しかし、「向こうからおばあさんが来るね」と語れば、それぞれのおばあさんのイメージがふくらむ。当代の名人・柳家小三治《こさんじ》は基本的に黒い着物を着る。それは少しでも聞き手のイメージを邪魔しないためだそうである。

ということは、落語はある程度の生活体験や文化体験がなければ楽しめない。まさに庶民の大人の芸能である。聞き手の人間観察・人生経験が豊かであればあるほど楽しめるのだ。

さらに、語り手と聞き手のイマジネーションが共有されると、その場は高度なものになる。もっと高度な場になれば、その場にいる大勢のイメージがかみ合い出し、まるで宗教のような場がクリエイトされ、非日常へとジャンプさせてくれる。これは説教の場でも同じことが言える。そのような場に身をおくことができれば、それ自体大きな喜びを味わうことができるのである。そしてそのような場は、やはり名人・上手と呼ばれる語り手によって生じるのだ。

つまり、説教も落語も、語り手と聞き手の双方が「自らその場にチューニングしていく」ことで成り立つのである。その場では、我々が普段張っているバリアをはずさねばならない。バリアを張ったままでは、身心を場にチューニングすることはできない。

そして最も重要なことは、その場にシンクロすることができれば、身心が心地よい喜びに満たされることである。我々はシンクロした場が心地よいと感じる身心をもっている。これは遥か古代から連綿と続いてきた人類の本性である。シンクロした場を繰り返し経験することで、チューニング能力も身についてくる。それは苦難の日常を生きる者にとって重要である。単なる息抜きの時間ということではない。すでに考察したように、我々は「つながり」を実感しなければ生きていけないのである。場にシンクロする、語りにチューニングしていく、これは苦難の人生を見事生き抜くために必要なことなのである。換言すれば、つながりの場があるかどうか、ここが生き抜くための岐路なのだ。

仏教においても、「目の前にいる他者の悲しみを、我が悲しみとする」「目の前にいる他者の喜びを、我が喜びとする」を目指す。これは他者の心の振動と、自分の心の振動とを共振させていく道である。「自分というもの」を守るために、日々、汲々としているのが我々の姿ではあるが、そのバリアを下ろすことができる時間と場所があるかどうか、ここがポイントである。

［注］

（1）鈴木棠三《とうぞう》は岩波文庫『醒睡笑』（下）の解説で、日快が金森氏出身という説に疑問を呈している。また、湯谷祐三が「中外日報」紙上（2017年5月3日付）において「『苫屋壺記』（誓願寺所蔵）には、策伝の出自が金森氏であるといった言及はない」などを論拠として、策伝と金森氏との関係を否定している。

（2）**按摩の炬燵**　ある寒い晩、お店《たな》の奉公人たちが炬燵を欲しがる。番頭は一計を案じ、按摩に酒を飲ませて炬燵の代わりにしようとする。

（3）**池田の猪買い**　猪《いのしし》の肉を買いに池田までできた大坂の男。猪撃ちの名人・六太夫と一緒に狩りに出る。『露休置土産』の「野猪の蘇生《よみがえり》」が原話。

（4）**親子酒**　父・息子ともに酒好き。父は息子に酒を慎むように説教しようとするが、自分もすでに酔っぱらっているためうまくいかない。「親子共に大上戸」（『露休置土産』）が原話。

（5）**山号寺号**　成田山新勝寺というように、お寺には山号と寺号がある。これをもじって、「時計屋さん今何時」などと次々と軽口を言い合う噺。「はやるものは山号寺号」（『露休置土産』）が原話。

（6）**高砂や**　長屋に住む八五郎が仲人をすることとなった。祝言の席で「高砂」の一節を謡うことになり、懸命に覚えるのだが……。『軽口あられ酒』の「正月謡初めの事」が原話。

（7）**辻占茶屋**　東京落語では「辰巳の辻占」となる。毎晩遊び歩いている男。なじみの女性が本気かどうかを確かめるため、心中話をもちかける。「心中の大筈者《おおはずもの》」(『露休置土産』)が原話。

(8) **道具屋** いい歳をしてぶらぶらしている男に、おじが道具屋の仕事を世話する。ガラクタをうまく売るコツを伝授され、その通りやってみるのだが……。

(9) **味噌蔵** 店の主人がひどい吝嗇家《りんしょくか》で、さまざまなケチぶりを見せる。そんな中、店の者が内緒で宴会を楽しもうとする。原話は米沢彦八による「田楽の取り違へ」(『軽口大矢数』)。

(10) **景清** 眼が不自由になった木彫り職人の定次郎。なんとか観音さまの御利益《ごりやく》にあずかろうと、百日参詣を実行する。米沢彦八による「祇園景清」(『軽口大矢数』)が原話。

(11) **蛸芝居** 大坂船場のさる大店《おおだな》では、主人から奉公人までが大の芝居好き。なにかといえば、芝居がかってしまう。この店が魚屋(これも芝居好き)からタコを買うことで一騒動が起こる。

(12) **崇徳院** 見ず知らずの女性を好きになってしまった若旦那。この女性を探すために、熊五郎は必死になって町中を歩きまわる。手がかりは崇徳院の「瀬をはやみ岩にせかるる滝川の」という歌だけ。

(13) **初天神** 正月の二十五日は初天神。息子を連れてやってきたのはよいが、腕白息子は言うことをきかない。親子でやり取りしているうちに、父親本人が遊びに熱中してしまう。

(14) **立ち切れ線香** 親族会議の結果、百日間蔵の中で暮らさねばならなくなった若旦那。お茶屋道楽が過ぎたのである。やっと百日が過ぎ、急いで愛しい芸妓・小糸のもとへと走るのだが、すでに小糸は……。

(15) **猫の忠信** 浄瑠璃の稽古に通う町内の若い衆たち。目当ては師匠のお静さんである。そんな中、次郎吉は、友人の常吉がお静さんとねんごろになっているところを目撃する。次郎吉はそのことを常吉の女房・おとわに告げ口しようとする。浄瑠璃の「義経千本桜」を下敷きとしている噺。

(16) **こぶ弁慶** 近江国大津の宿屋に泊まった男。宿の壁土を食ったのが原因で、肩にこぶができる。このこぶが次第にふくらみ、弁慶の首となって話し始める。上方噺「東の旅」シリーズのひとつ。

(17) 落語のジャンルは、さまざまに分類可能である。今日では、滑稽噺・音曲噺・芝居噺・破礼噺などに分類されることが多い。つまり落とし咄に限定されるわけではないのだ。だから、かつては「落語」とは言わず、単に「はなし」などと呼ばれていた。今日では「落語」の呼称が一般的になっているので、本書でもこれを用いている。

(18) **文七元結**　本所達磨横町の左官屋・長兵衛、よい腕をもっていながら博打狂《ばくち》いで借金まみれである。孝行娘のお久が、自らを吉原の佐野槌《さのづち》へ身売りする。佐野槌は、お久を担保に五十両を長兵衛に貸してやる。長兵衛は、五十両の金でやり直そうと決心する。しかし、佐野槌からの帰り道、意外なことが起こる。

(19) **芝浜**　魚屋の魚勝は酒好きで、仕事をなまけてばかりいる。今日もしっかり者の女房がなだめすかして仕事に送り出す。芝浜の魚河岸に早く来過ぎた魚勝が浜辺で時間をつぶしていると、財布が落ちていることに気づく。魚勝は大金の入ったその財布を家に持って帰る。圓朝が「酔っ払い・芝浜・財布」で創った三題噺だとも言われている。

(20) **真景累ヶ淵**　旗本の深見新左衛門が、高利貸しの按摩・皆川宗悦を殺すところから始まる壮大な因縁物語。「宗悦殺し」「豊志賀の死」「お久殺し」など、多くのエピソードが編み上げられている。常陸国《ひたちのくに》の羽生村《はにゅうむら》における累伝説をモチーフに、圓朝は全九十七章の物語を生み出した。

(21) **鰍沢**　身延山参詣の帰り、雪の山中に迷った江戸商人・新助は、やっとのことで民家に一夜の宿を頼む。そこには喉から頬にかけて突き傷のある美しい年増がいた。元・吉原の花魁《おいらん》だったお熊である。新助は勧められるままに玉子酒を飲んで寝る。実はお熊は恐ろしいことをたくらんでいた。圓朝が「護符・玉子酒・鉄砲」で創った三題噺だとも言われているが、諸説あって詳細は不明。

第五章　互いに響き合う説教と落語

現在の日本仏教は、禅は禅の宗派、念仏は念仏の宗派、法華経は法華経の宗派、密教は密教の宗派などと、それぞれに特化している。近世においてこの形態が明確になった。そしてこれは日本仏教だけの事情である。世界の仏教は、学派や系統によるゆるやかな宗派はあるものの、日本のような「宗派仏教」にはなっていない。日本仏教のユニークなところである。これは、「ただ一つを選び取って仏道を歩む」という中世日本仏教の性格が基盤となっている。中世の日本仏教は、シンプル、イージー、ピュアな性格を目指した。この方向性を決定づけたのは、法然の専修念仏《せんじゅねんぶつ》の姿勢であろう。法然は、万人が歩みやすい仏道を提示した。誰もが歩みやすいという方向性の結果、それぞれに特化した宗派が生まれた。

安楽庵策伝《あんらくあんさくでん》の『醒睡笑《せいすいしょう》』には、それぞれの宗派の特性を揶揄《やゆ》した小咄がいくつも出てくる。策伝は自身の説教において、この手の小咄を語ったのである。さぞや大ウケだったことだろう。この手の小咄に反応して笑うためは、仏法についての知識も必要であり、普段の人間観察も必要である。前章で取り上げた『軽口御前男《かるくちごぜんおとこ》』には、頑なな浄土真宗門徒を笑いに転化した小咄が出てきた。こういう笑いは、やはり説教に影響を受けた庶民芸能だからこそであろう。また、各宗派の特徴をとらえた演目は、落語のみならず、さまざまな芸能の領域で生まれている。本章では、落語のネタを中心に、他の芸能にも眼を配りながら考察を進めていく。

落語のネタを宗派別に分類するといった取り組みは、関山和夫の大きな業績である。関山の研究を踏まえて、各宗派に特徴的な噺を列挙してみる。さらに後で神道などの宗教別のリストも作成してみよう。

仏教各派と落語のネタ

(1) 浄土仏教系統

- 浄土宗：「小言念仏」「阿弥陀池」「お血脈《けちみゃく》」「十八檀林《じゅうはちだんりん》」「万金丹《まんきんたん》」「百八坊主」「八五郎坊主」「反魂香《はんごんこう》」など。
- 浄土真宗：「宗論《しゅうろん》」「菊江仏壇」「お文さん」「亀佐《かめさ》」「親子茶屋」「お座参り」「浮世根問」「後生鰻《ごしょううなぎ》」「寿限無《じゅげむ》」など。
- 時宗：「鈴ふり」など。
- 融通念仏宗：「片袖」など。

(2)法華宗：「鰍沢《かじかざわ》」「甲府《こうふ》い」「法華長屋」「刀屋」「中村仲蔵（妙見さま）」「堀川」「法華坊主」など。

(3)禅仏教

●臨済宗：「蒟蒻問答《こんにゃくもんどう》」「近江屋丁稚《おうみやでっち》」など。

●曹洞宗：「野ざらし」「茄子娘《なすむすめ》」「野崎詣り」など。

(4)真言宗：「高野違い」「大師《だいし》の杵《きね》」「大師の馬」「悟り坊主」「片袖」「袈裟御前《けさごぜん》」など。

(5)天台宗系：「鶴満寺《かくまんじ》」など。

(6)奈良仏教系：「景清《かげきよ》」「奈良名所」「鹿政談《しかせいだん》」など。

(7)仏教一般（仏教習俗を含む）：「天王寺詣り」「菜刀息子《ながたんむすこ》（弱法師《よろぼし》）」「山号寺号《さんごうじごう》」「くやみ」「片棒」「仏馬《ほとけうま》」「地獄八景亡者戯《じごくばっけいもうじゃのたわむれ》」「錦の袈裟」「死ぬなら今」「先の仏」「死神」「三年目」「らくだ」「西行」「鼓ヶ滝《つづみがたき》」など。

(8)その他

●仏教倫理：「鴻池《こうのいけ》の犬」「松山鏡」「除夜の雪」「七度狐《しちどぎつね》」「一目《ひとめ》上がり」「堪忍袋」「五光」など。

●観音信仰：「景清」「苫ヶ《とまが》島《しま》」「船徳《ふなとく》」「擬宝珠《ぎぼし》」など。

●僧侶を揶揄：「転失気《てんしき》」「手水廻《ちょうずまわ》し」「黄金餅《こがねもち》」「きらいきらい坊主」「ぬの字ねずみ」など。

以上、関山リストにいくつか筆者が加えたものを列挙した。実はすでに消滅してしまって、タイトルしかわからないものも含まれている。また、もともとは宗教色が強かったものの、すでにその性格は失われているネタもある。だから、今では「なぜこのネタがここに組み込まれているのだろう」というものも少なくない。少々強引に組み入れたネタや、小咄程度のネタも入っている。

浄土真宗のところで挙げている「お文さん」は、一時期途絶えかけていたネタである。筆者はこれを再興しようと動いたことがある（詳細は拙著『おてらくご――落語の中の浄土真宗』［本願寺出版社］参照）。また、同じく浄土真宗のネタである「お座参り」は完全に消失してしまっているので、何とかしたいという思いから二〇一二年に笑福亭松喬《しょうふくていしょきょう》とこのネタに取り組んだ。その結果を本書の巻末に掲載している。

それでは、ひとつひとつのネタを取り上げながら考察していこう。

落語の中に交錯する宗教性

現代の落語において語られている演目のうち、仏教的奥行があるものを主観的に選んで考察する。最初は「松山鏡」である。

■「松山鏡」

前出の『百喩経《ひゃくゆきょう》』の三十五番に「つづらの中の鏡の話」がある。

昔、ある人が、貧乏で困っていた。ひとから多くの借金をして返すことができず、そのため逃げ出して、ある荒野へやってきた。そこで彼は、珍しい宝物のいっぱいつまっている、つづらに行き当たった。その中には、よく映る鏡が入っており、宝物の上にかぶせてあった。貧乏人がつづらを見て、大喜びして、すぐに蓋をあけると、鏡に人の影が映った。

そのため、彼はおどろき恐れて、手をあわせて言った。

「わたしは、これが、空のつづらで、だれの持ち物でもないと思ったのです。あなたがこの中にいらっしゃるとは知りませんでした。どうぞ怒らないで下さい」（棚橋一晃訳）

『百喩経』は、短い説話に続いて、仏法が説かれるスタイルとなっている。この三十五番も、我々も幻のような「自分」にまどわされ、まるでそれが真実であるかのように信じている、それでは苦悩は解体されない、といった仏教の教えが説かれている。すなわち仏教の認識論・存在論である。

■仏教ではこう考える

これはなかなかユニークなので、少し解説しよう。仏教に因明《いんみょう》（論理学）という分野がある。因明で大きな成果を挙げた人物にディグナーガ（陳那《じんな》）がいる。遍充《へんじゅう》（関係性の論理）という点に注目し、「因の三相（正しい理由と見なされる三つの条件）」の理論を中心に新しい仏教論理学を完成させた。

この人に言わせると、我々はものごとを一個一個でしか知覚できない。たとえば、目の前に牛がいるとすれば、我々は目の前の牛であるその牛しかわからない。個別の向こうにある普遍的な牛一般というのはそもそもない、とするのである。

何の話をしているかというと、存在の本質の件である。目の前の牛を我々がなぜ「牛」だと認識することができるのか。なぜ馬でも猫でもなく牛として認識できるか。それは牛という本質があるからだという考えがある。牛と一口で言っても、ずいぶん個体差があって見た目が違うのに、我々がなんとなく牛と認識できるのは、牛という本質を直感的にわかるからだとするのである。これはギリシャ哲学のイデア論などが、長い間にわたって取り組んできた問題なのだ。物事には本質がある、牛ならば牛性、犬ならば犬性という、牛や犬を成り立たしめている本質があるとする立場である。ヒンドゥー哲学もこの傾向があり、キリスト教もギリシャ哲学の影響を大きく受けているので、このような立場に立つことが多い。キリスト教では、その本質を作ったのは神だ、となるのである。

ところが仏教は、そんなものはない、とするのだ。普遍的な牛などなくて、我々は個別に一個一個の現象しか認識できないという立場に立つ。これをアポーハ（排除）と言う。我々は本質を把握することなどできないし、そもそも本質そのものはない。現象一個一個を認識しているだけで、それに対して仮に名前を付けているだけだとする。それがプラジュナプティ（仮名《けみょう》）である。とりあえず、今見えている現象を牛と名づけて認識しているだけなのである。

それなら、我々は現象そのものを認識しているのか、というと「いや、現象さえもちゃんと認識していない」と仏教では説く。我々は勝手に自分の都合で現象を歪めて認識していると考えるのだ。この仕組みをプラパンチャ（戯論《けろん》）と呼ぶ。このように仏教の存在と認識の関係は非常に独特なものだ。物事をどうとらえるか、我々がどう認識しているかというのも宗教の道筋によってずいぶんと異なるのである。

すなわち我々は自分の都合を投影して他者や物事を認識しているというわけだ。自分が恐怖を感じている他者は、その人が笑っていても怖い。嫌いな人物は、声を聞くだけでも胃が痛くなる。自分が投影した影におびえて暮らしているのである。もし、それが虚構だとわかれば、その後ろにある宝物を手に入れることができる。それが「つづらの中の鏡の話」が指し示す内容である。

■落語「松山鏡」

この「つづらの中の鏡の話」は、落語「松山鏡」の原話だとされている。「松山鏡」の原型は仏教説話だったというわけだ。しかし、中世の説話集である『宝物集』や『神道集』（十巻）にも松山鏡の原話らしきものは出てくる。また、この話は謡曲《ようきょく》「松山鏡」や狂言「鏡男」で広く知られるようになった。謡曲では越後の松山を舞台に、娘が鏡を見ながら母の面影を偲び、やがてその功徳《くどく》で母が成仏するといった仕立てになっている。

さて、落語の「松山鏡」は次のような内容となっている。

鏡というものを知らない人が多かった時代、越後の松山でのお話。正直者で有名な正助。お上が何か褒美をとらせるということになったが、元来無欲なので、欲しいものがない。何か望みはないかと問われ、死んだ父に会いたいと申し出る。そこでお上は一計を案じ、つづらの中に鏡を入れて褒美にする。正助がつづらをのぞくと、父がいると喜ぶ。実は父親にそっくりな自分の姿を見ていたのである。それから毎日正助は蔵の中に置いたつづらをのぞいては喜んでいた。それを女房は浮気相手がいると勘違いするのだが……。

（筆者によるまとめ）

この噺は、最後に尼僧が出てきてサゲとなる。

こうしてみると、『百喩経』、謡曲、落語、それぞれかなり異なるストーリーである。どこに主旋律があるのかも不明だ。もしかすると説教僧や語り芸能者が因縁話として各地に拡散したのがもとになって、今日の芸能の演目にまで展開したのではないか。その可能性は高いと思う。

ただ「鏡」をモチーフにしているところに、仏教の思想を見て取ることができる。仏教の認識論は、しばしば鏡を喩え話に使ってきた。そのあたりに源泉があるのではないか。

■「宗論」

次に「宗論」を取り上げよう。

近世では対外的な宗論は禁じられた。幕府の宗教政策（寺請制度や本末制度など）によって、各宗教・各宗派はテリトリーを明確化して、共存するようになった。しかし、それ以前には盛んに宗論が行われた。知られたものを列挙するだけでもけっこうな数になる。論議をする形態の法会《ほうえ》もあった。興福寺の「維摩会《ゆいまえ》」などはこの形態だったようだ。そして、「三一権実諍論《さんいちごんじつのじょうろん》」（法相宗の徳一《とくいつ》と天台宗の最澄《さいちょう》）、「大原問答《おおはらもんどう》」（天台宗僧侶と法然）、「安土宗論《あづちしゅうろん》」（安土城下にて浄土宗と法華宗とが法論）、「儒仏問答《じゅぶつもんどう》」（林羅山《はやしらざん》と松永貞徳《ていとく》）などが有名であり、記録も残っている。また、キリシタンと仏教も頻繁に論争した。「人間の理性・霊魂について」「神《デウス》とは何か」などが論点となったようである。

その一方で、〝禅問答〟〝神学論争〟などと言えば、「よくわからない議論」「無駄な議論」を指すこともある。宗教者が専門家ぶって、細かいことをあげつらって議論している様を見ると、庶民は「信心・信仰とは、そういうものではないだろう」とアイロニカルに笑うのである。ここにも芸能の本領がある。必死になって自らの信仰を主張している姿を、落語は揶揄して笑う。落語は宗教者も笑う対象にする、信心深い人だって笑う対象にする。「手水廻し」「転失気」「後生鰻」「小言念仏」などはその好例である。

その姿勢は落語だけではない。本来芸能とは宗教も笑うだけのポテンシャルをもったものなのである。

■狂言「宗論」

狂言の演目に「宗論」がある。狂言という用語は、もともと仏教の「狂言綺語」（実語に対する言葉。仏教から見た文学や芸能を指す）からきている。日本の芸能史でいえば、延年《えんねん》の記録に「狂言綺語」と出るのが初出である。狂言の「宗論」は、法華宗（日蓮宗）と浄土宗の僧が旅の途中で教義争いをする筋立てとなっている。南無妙法蓮華経《なむみょうほうれんげきょう》の宗派と南無阿弥陀仏《なむあみだぶつ》の宗派である。それぞれ鎌倉時代以降の仏教ニューウェーブの中でも、一神教的性格をもっており、庶民の間で草の根的に拡大した派である。狂言の「宗論」は、二人の僧が連れだって旅を続けるうちに宗論となってしまうストーリーだ。そして、宗論で負けた方は宗旨替えする約束をかわすまでにヒートアップ。互いに相手の教義について攻撃し合うのだが、その応答がでたらめ。どうも二人ともかなりいい加減な僧侶らしい。ついに浄土宗の僧は「踊り念仏」を始め、法華宗の僧は対抗して「踊り題目」をする始末。そのうちに、うっかり浄土宗の僧は題目を唱《とな》え、法華宗の僧は念仏を称《とな》えてしまう。二人は笑い合って、「法華も弥陀も隔てはあらじ」と仲直りする。ハッピーエンドである。

この狂言「宗論」をヒントにして作られたと言われているのが落語「宗論」である。明治後半から大正の初めあたりに益田太郎冠者《ますだたろうかじゃ》（本名：益田太郎）が創作した。益田太郎冠者は、三井物産創始者・益田孝（後の三井財閥総帥）の嗣子《しし》である。中学卒業と同時にイギリスのケンブリッジ・リース中学に留学、その後ベルギーのアントワープ商業大学へ進学した。八年後、帰国して実業家として活躍する一方で、喜劇作家・益田太郎冠者として活動した。日本最初のナンセンスコメディを展開した人物として知られる。落語から流行歌、演劇や歌劇にいたるまで大衆芸能全般に大きな影響を与えたのである。川上貞奴《さだやっこ》にも台本を書いている。「コロッケの唄」の作詞者でもある。落語は「宗論」以外にも、「かんしゃく」や「堪忍袋」を作ったとされている。

■落語「宗論」を読み解く

落語「宗論」は、熱心な浄土真宗の門徒の息子がクリスチャンになったという設定である。父はとうとうと真宗教義を語り、息子はキリスト教の教えを語る。双方ともしっかりと教義を語るところが肝要であって、それがかえって可笑しさを増す。息子の西洋かぶれの様子が誇張されて演じられ、当時の西洋かぶれのイメージが読み取れる。

落語の中で、「宗論はどちらが負けても釈迦《しゃか》の恥」と語られるのだが、これは狂言の「法華も弥陀も隔てはあらじ」と同様の感性である。しかし、落語の「宗論」は異宗教間の論争なので、「釈迦の恥」にはならない。このあたりの大雑把なところも落語らしいのかもしれない。

「宗論」を聞いていると、あらためて、宗教を揺さぶってこそ芸能ではないか、という気になってくる。宗教というのは凝縮していく方向性をもつ。だからこそ最終的には身心にしっかりとした軸を形成することになる。しかし、時にはその方向性ゆえに、視野が狭くなり、排他的になり、おのれのみが正しいという姿勢になる。その枠を芸能が揺さぶる。芸能は拡散していく方向性をもつ。宗教が凝縮しようとするのを脱臼させるのである。宗教と芸能の二領域は、両輪のように回っているのが望ましい。

ところで、落語の「宗論」ではことさら〝キリスト教は外来宗教〟ということが強調される。その対比として伝統的宗教である浄土真宗が設定されている。しかし、「宗論」で出てくる「阿弥陀《あみだ》さまといえるお方は法蔵菩薩《ほうぞうぼさつ》の昔、世自在王仏《せじざいおうぶつ》(1)と言える尊きお方の御元にましまして『われ超世《ちょうせ》の願を建つ』と、五劫《ごこう》の間という中は、火の中水の中において難行苦行あそばされ、のちには阿弥陀如来《にょらい》という尊きお方におなりあそばされたのじゃ。もったいないこっちゃないかいな、わしらじゃとて、今日が日にも息が切れたなら、お待ち設けのお浄土へまいらしていただく。こんな結構なことはないやないかい、ありがたいこっちゃないかい。ナマンダブ、ナマンダブ、ナマンダブ……」といった〝阿弥陀仏ストーリーの言い立て〟は、現代人には耳慣れないものであろう。

これは説教者の口調そのままなのである。かつて篤信の浄土真宗門徒はこのくらい語った。今でもそういう人は少なくない。そこが浄土真宗という宗派の特性である。専門に勉強したわけでもないのに、お説教の聴聞を続けているうちに、このような語りが身体化するのである。

「五劫の間」とは〝五劫思惟《しい》〟の阿弥陀仏ストーリーである（本当は、五劫の間思惟され、兆載永劫《ちょうさいようごう》の修行をなされて……、と語るべきであろう）。大きな岩山が、ときどきやってくる天人の羽衣の袖に擦れて、擦り切れてしまう期間が「劫」である。五劫だから五つも擦り切れるほどの期間なのである。「寿限無、寿限無、五劫のすりきれ」はここからきている。〝寿限無〟とは阿弥陀仏のことである。これらもすべて阿弥陀仏の物語を基盤とした言葉遊びなのである。

ただ、もはや日本でも『聖書』やイエス・キリストのストーリーの方がメジャーかもしれない。法蔵菩薩が世自在王仏のもとで修行して阿弥陀仏と成るお話より、アダムとイブのお話、イエスが馬小屋にて処女・マリアから生まれるお話の方がよく知られている気がする。おそるべし、キリスト教の語りの力。

■「宗論」の中のキリスト教

「宗論」の中のキリスト教言説を取り上げてみると、まずエッジが効いているのは息子が父に「私も以前はお父さまのように偶像物を信じていた」と言う場面。これは十戒《じっかい》にある「偶像崇拝の禁止」である。仏像などは偶像崇拝となる。

息子が「ユダヤの地に大飢饉がおとずれた時、イエスさまが祈ると、天から肉がくだり、パンがくだり、野菜がくだり……」とイエスの奇跡を語る場面がある。これは『新約聖書』(正典)にはない。聖書には外典・偽典があり、そちらの方にあるのかもしれないが、たぶんないと思う。ただ似たような話はある。有名な「五千人の給食[2]」や、「異邦人への福音[3]」や、「天からのパンであるマナの物語[4]」などが連想される。

また、多くの落語家はこの噺の中で「讃美歌」の三一二番や三七〇番を歌うが[5]、歌詞の方は聞いたことのないものが使われていたりする。

現在ではサゲのパターンも語り手によっていろいろである。多くは「権助や、おまえは真宗か?

キリストか?」「いいえ私はお二人の仲裁をした時の氏神でございます」というものや、「権助や、おまえも真宗かい?」「いいえ、私は紀州の生まれでございます」となる。しかし中には、権助がイスラム教徒だったり、キリシタンだったりするパターンもある。また、上方《かみがた》落語には「もともとこの家は仏壇屋である」という設定の形もある。落語のネタというものは、長年のうちに肉づけされ、練り上げられていくものであることがよくわかる。このような相違は古典落語の楽しみでもある。語り手によっての違いを楽しむのだ。そのうちに「この人の『宗論』が聞きたい」などとなってくる。

ちなみに、五明楼玉《ごめいろうたま》の輔《すけ》は寄席《よせ》で「宗論」をかけたら、後で楽屋へシスターたちが抗議にきたそうである。この人たちは、玉の輔のファンでよく聞きに来ていたのだが、「もう来ない」と怒られたらしい。彼の「宗論」はことにキリスト教をからかう傾向が強いのである。そこでしばらく「宗論」を自粛していた。しばらくして、もうそろそろいいかなと思って「宗論」をかけたら、そのシスターたちも「もうそろそろいいかな」と思って来ていたそうである。怒るクリスチャンがいる一方で、玉の輔の「宗論」を喜ぶキリスト教の教会もあったりするそうだから、落語というのは実におもしろいものである。

■成熟した笑い

落語に出てくるのは、もっと遊びたい、楽して暮らしたい、などという人ばかりだ。「厩火事《うまやかじ》」

の亭主や、「黄金餅」の金兵衛などはかなりのロクデナシである。立派な人はめったに出てこない(「柳田格之進」や「徂徠豆腐《そらいどうふ》」のような講談系の噺には出てくるが)。

すなわち、落語は「人間なんてろくなもんじゃない」と語りかけているようでもある。ただ、それを嘆くのではなく、笑うのだ。ここがいい。いろいろと具合悪いところがあるけど、それはあんたもオレも同じようなもんだ、だましだましやっていこうじゃないか、といった人間観を基盤としている。

「笑い」は無秩序的性格をもつ。アンリ・ベルクソンも筒井康隆も桂米朝も、「笑いの定義はない」と言う。なぜなら、笑いを定義づけると、その定義をまた笑うという事態になってしまうからである。そしてベルクソンは、余剰エネルギーが放出される際に笑いが発生すると考えた。緊張と緩和の落差というやつである。桂枝雀も同じことを主張していた。

笑いには、緊張と緩和の落差以外にも、遊びや食の際に起こる快の笑いや感情の笑い、挨拶などコミュニケーションの際の笑いなどもある。笑うのは霊長類だけらしい。ただヒト以外の霊長類の笑いは基本的に「挨拶の笑い」であり、もともとは毒を吐きだす際の顔から発生したと聞いたことがある。

ヒトにおける笑いには、状況を変える力がある。緩和したり、相対化したり、秩序を壊したりする力がある。幼児期の笑いに比べて、成熟した笑いには、他者観察、自己分析、経験則などといった下敷きが必要なのである。人間の生の営みを見つめる眼と、それを切って捨てるのではなく共感する心性によって成り立つのだ。

もちろん、落語は「笑い」の要素だけで成り立っているのではない。喜怒哀楽、嫉妬、後悔、さまざまな感情を喚起させる語り芸能である。そして、大ネタになればなるほど、歌舞伎・浄瑠璃・都都逸《どどいつ》・川柳・日本舞踊などに通じていなければ楽しめない。このあたりは他の伝統芸能と同じ事情である。伝統芸能というのは、次々と他領域につながる回路をもっている。

そして、本書は「なによりも、仏教のお説教に通じていないと」などと強弁しているのである。また、根も葉もない強弁ではないことはすでに理解してもらえていると思う。お説教と落語はとても密接な関係にあることは間違いないのだ。

それに実際、噺の終盤を少し変えれば立派な説法になる落語は結構ある。噺を合法《がっぽう》（仏法へと話を導く）すれば、まるでそこは法座といってもよい場となることだってある。たとえば、もし「小言念仏（上方では世帯念仏《しょたい》）」の噺をさらに続け、「そして、このようなあさましい私の口からお念仏が出る。それこそが阿弥陀さまのご本願……」とつなげていったなら、それはもうお説教である。

■落語「後生鰻」

さて、落語は政治や宗教がもつ権威を笑いで相対化してしまう。これは落語のみならず、世界中の芸能がもつ能力である。ことに「笑い」はその機能が高い。落語においても、奉行や僧侶が笑いの対象にされることとなる。

落語にはしばしば僧侶が登場するが、やはり立派な高僧は出てこない。ほとんどの場合、いい加減な僧や強欲な僧ばかりである。これは安楽庵策伝の『醒睡笑』以来の伝統的なパターンなのだ。特に策伝は「知ったかぶりの僧侶が恥をかく話」を数多く書いている。現在の「転失気」[6]や「手水廻し」[7]といったネタの原型であるといえる。当時の説教僧は、こういう落とし咄を寺院の本堂で語ったのである。これは今でも行われている。

僧侶だけではない。落語では熱心な信仰者も笑いの対象にしてしまう。「後生鰻」[8]はその代表的な例だ。後生とは、仏教用語で来世のことである。

真宗門徒で大店《おおだな》の旦那が、お寺の御法座で「殺生しないように」というお説教を聴き、その教えを真面目に守ろうとする。ある時、鰻屋の前を通りかかると、今にも鰻がさばかれる寸前。そこで旦那はその鰻を買い取り、川に逃がす。鰻屋は労せずして儲けることができて喜ぶ。その日から鰻屋は、旦那が通る時刻にわざと鰻をさばくフリをして高い金額で売りつけるようになる。

そんなある日、旦那が来ているのに売りつける鰻がない。とっさに鰻屋は驚くべき行動に出て……。

（筆者によるまとめ）

「後生鰻」の旦那は、ある意味での篤信者である。しかし、どこか仏教の教えを受けとめそこねている。変な偏りがある。この噺は次第に偏っていく人間の具合悪さを、ブラックユーモア的な笑いで描く。

このような展開は、まさに落語の面目躍如たるところであろう。いや、落語のみならず、芸能や芸術ではしばしば「宗教の権威」や「信仰の偏り」がテーマとなる。宗教には「この道をゆく」といった〝凝縮していく方向性〟がある。だからこそ迷いを超えていくことができる。しかし、時にはそれが誤った偏執となる。それを脱臼させる、あるいは〝拡散する機能〟を芸能や芸術はもっているのだ。

このような凝縮と拡散といったきわどいやりとりは、やはり伝統宗教でなければ成り立たないであろう。これも日本仏教の深い奥行きがなせる業なのである。

この噺を聞くたび、「自分が〝正しい〟と思った瞬間から、見えなくなるものがある」と説く仏教の教えを連想する。仏教は、偏りのない思考や行為を目指す。だから常に仏法と我が身を照らし合わせて点検を怠らないように説く。我々はすぐに偏ってしまうのである。どんなに「正しい」と思われているような思考も行為も、次第に偏っていく。偏るとダメなのである。熱心なあまり偏ってしまう信仰者を笑うあたり、「後生鰻」は落語の底力を感じさせる演目なのである。

■禁演落語や国策落語

実はこの「後生鰻」という演目は、第二次世界大戦時に禁演の対象となっている。

昭和十六年（一九四一）、五十三種の演目が本法寺（日蓮宗）の「はなし塚」に納められた。これが「禁演落語」と呼ばれているものである。もちろん戦後に禁は解かれている。昭和二十一年九月に「はなし塚」の前で禁演落語復活祭が行われた。

禁演となった演目は、「明烏《あけがらす》」[9]「居残り」[10]「親子茶屋」[11]「子別れ」[12]「悋気《りんき》の独楽《こま》」[13]「紙入れ」[14]「蛙茶《かわずちゃ》番《ばん》」[15]「不動坊」[16]「後生鰻」などであって、その多くは廓噺《くるわばなし》や不義・好色に関するものであった。昭和十五年六月から「新体制運動」が起こり、質素倹約が奨励されることになる。その影響は演芸界にも及び、各種芸能団体は演題種目について自粛すべき圧力を感じていた。そこで東京の落語界では、噺のネタを甲乙丙丁の四種に分類し、丁種（花柳界、酒、妾、廓、不義、好色などに関する噺）から五十三種を選んで禁演としたわけである。関西の落語界はこのような事態になっていない。すでに浪曲《ろうきょく》やしゃべくり漫才が主流となっていて、落語がそれほど注目されなかったのかもしれない。また、講談には歴史ものがあり、浪曲には忠孝を説くものがあるので、ある程度の自粛で問題なくやれたようである。しかし、落語はばかばかしいことを語り、風俗を語るので一番槍玉にあげられたのだろう。

一部の演目が自主規制される中、代わりに国策落語が生まれる。「お国の為に」「防空演習」「隣り組」「国策靴」「慰問袋」「めおと貯金」「献金」などといったネタが創作された（関西は浪曲の世界において「愛国浪曲」が創作されている）。たとえば、「緊《し》めろ銃後」という演目では、大家さんと熊さん・八さんが、ドイツの状況などについて話し合う場面があり、「国策に従わないのは国賊だね。反逆罪にすりゃいいんだよ」「そりゃ日本人じゃねえ。罰金くらいじゃすまねえ。国外追放だ」「どこへ追放する?」「重慶(重刑)だ」などといった、実に無残な落語がかけられたようである。まことに悲しい事態である。政治を笑い、宗教を笑うことができるのは、とても幸せな社会であることがわかる。

■「弱法師」

能に「弱法師《よろぼし》」という演目がある。世阿弥の息子・観世十郎元雅《かんぜじゅうろうもとまさ》の作だとされているが、一部は世阿弥の手によるものだ。そして物語の原型は世阿弥以前からある。能の「弱法師」は、次のようなストーリーである。

河内国の高安の里、左衛門尉通俊《みちとし》はある人物の讒言《ざんげん》を信じてしまい、息子・俊徳丸を追放する。しかし、すぐにそれが偽りであることがわかり、息子の来世の安楽を願って天王寺で施行を行う。一方、俊徳丸は悲しみのあまり盲目となり、今は弱法師と呼ばれる乞食となる。(17)俊徳丸は天王寺にやって来て施行を受ける。今日は春の彼岸の中日、弱法師は仏の慈悲をたたえ、仏法最初の天王寺建立の縁起を物語る。通俊はわが子だとわかるが、人目をはばかって、夜になって名乗り出ることにする。そして日想観《にっそうかん》(18)を行うよう勧める。

弱法師は西門の入り日を拝み、かつては見慣れていた難波の美しい風景を心に思い浮かべ、心眼に映える光景に恍惚となり、興奮のあまり狂う。しかし、往来の人に行き当たり、狂いから覚める。

やがて夜も更け、人影もとだえたので、父は名乗り出る。親と知った俊徳丸は我が身を恥じて逃げようとするが、父はその手を取り、連れ立って高安の里に帰る。

「弱法師」のクライマックスシーンの詞章を読んでみよう。「四天王寺の西門は、浄土の東門にあたる」とされる信仰に基づいて、西門（ここには石の鳥居がある）にたたずみ日想観を行う弱法師・俊徳丸。彼は阿弥陀仏の救いを感得し、「見える、見えるぞ」と叫ぶ。シテは弱法師・俊徳丸であり、ワキは父・通俊である。

シテ「げに〳〵日想観の、時節なるべし。盲目なれば、其方《そなた》とばかり。〽心あてなる日に向ひて。東門を拝み南無阿弥陀仏。

ワキ「なに東門とは、謂はれなや。此処は西門、石の鳥居よ。

シテ「あら愚かや、天王寺の。西門を出でゝ、極楽の。東門に向ふは、僻事《ひがこと》か。

ワキ〽げに〳〵さぞと難波の寺の。西門を出づる石の鳥居。

（中略）

シテ〽おう。見るぞとよ見るぞとよ。

地〽さて難波の浦の致景の数々。

シテ〽南はさこそと夕波の。住吉の松影。

（丸岡明編『現代謡曲全集　別巻4　弱法師』）

■大阪の宗教性

能「弱法師」を味わうためには、大阪という地の宗教性から考察しなければならない。この地は、茅渟《ちぬ》の海に面している。茅渟の海という呼称の初出は、『古事記』「神武記《じんむき》」にある。神話の時代、五瀬命《ごせのみこと》が手傷を洗ったので血沼《ちぬ》の海と呼ばれたとされる。このあたりの土地神は茅渟祇《ちぬのつみ》となる。他にも、チヌ（黒鯛）をはじめとする魚介類の豊富な海という意味や、「ち」（血・乳）は噴出するものであるから泉の湧き出る堆積地を指すという意味など、いくつかの語源が複合しているようだ。武庫川《むこがわ》・淀川《よどがわ》・大和川《やまとがわ》がそそぐ湾であり、南と北を往復運動する潮流となっている。だから湾全体が浄化され、よい漁場となった。この湾は古代から河川・湾岸工事を繰り返してきた。ここに面した南北に縦長の平野は、東に生駒山系《いこまさんけい》を望む低地である。縄文海進期には大半が海没しており、難波八十島《なにわやそしま》と呼ばれるほど数多くの島が点在していた。そんな中、南から北へと突き出た半島のような形状の上町台地《うえまちだいち》が存在する。ここは高台であって、古代においても海没していなかった。上町台地の突端部は日本屈指の聖地である。ここには生島大神《いくしまのおおかみ》・足島大神《たるしまのおおかみ》が祀られていた。これは日本列島全体の土地神である。

だから、天皇が即位すればここで列島の土地神のパワーを身につける儀式を行っていたのである。時代が下るにつれて、天皇が直接来るのではなく、天皇の御衣を持ってきて霊力を付着させるようになった。現在、生國魂神社《いくくにたまじんじゃ》において生島大神・足島大神が祀られている。また、この上町台地の土地神は坐摩大神《いかすりのおおかみ》であり、今日においても坐摩神社で祀られている。生國魂神社も坐摩神社も、かつては上町台地の突端にあったのだが、大坂城築城のため南へと移転させられている。

上町台地の先端部は難波宮や高津宮が造営された場所であり、中世から安土桃山にかけては大坂本願寺と寺内町があり、近世以降は大坂城がそびえ立つ場所である。まさに聖地。熊野への参詣道もここから始まるのである。この上町台地に沿って、数多くの寺社が建ち並ぶ。大阪の宗教的背骨である。その中で突出した宗教性を放つのが、生國魂神社や四天王寺であり、その延長線上にある住吉大社である。

中でも四天王寺の西門は日本浄土信仰における特筆すべき場所である。西の海へと沈む夕陽を台地上から観想する場なのだ。彼岸には西門の中心に夕陽が落ちていくように設計されている。法然も親鸞《しんらん》も一遍《いっぺん》も、この地を訪れて西へと沈む夕日を見たのである。

■『観無量寿経』で説かれる観想

日本浄土仏教が重視してきた仏典『観無量寿経』には、十三の観察行《かんざつぎょう》(19)が説かれている。その第一番は「日想観」である。

仏、韋提希《いだいけ》に告げたまはく、「なんぢおよび衆生《しゅじょう》、まさに心をもつぱらにし念《おもい》を一処《いっしょ》に繋《か》けて、西方を想《おも》ふべし。いかんが想《そう》をなす。おほよそ想をなすといふは、一切衆生、生盲《しょうもう》にあらざるよりは、有目《うもく》の徒《ともがら》、みな日没《にちもつ》を見よ。まさに想念を起し正坐《しょうざ》し西向《さいこう》し、あきらかに日を観じ、心をして堅住《けんじゅう》ならしめ、専想して移らざれば、日の没《もつ》せんと欲して、状《かたち》、鼓《つづみ》を懸《か》けたるがごとくなるを見るべし。すでに日を見ること已《おわ》らば、閉目開目《へいもくかいもく》に、みな明了《みょうりょう》ならしめよ。これを日想とし、名づけて初めの観といふ。

（浄土真宗教学伝道研究センター編『浄土真宗聖典――註釈版　第二版』）

〔釈尊は（息子の問題で苦悩する母である）韋提希に教えを説かれた。お前やこれからの人々は、心をひとつに集中させて、ただひたすら西方に思いをかけ専念するがよい。ではどのように想い描くのか。それにはまず、生まれつき眼が不自由な人でなければ、日没の光景を観るがよい。まず姿勢を正して西に向かって座り、はっきりと夕日を想い描くのだ。そして心を乱さず集中・専念できれば、次に、夕陽がまさに沈もうとして、空に懸かった大きな太鼓のように浮かんでいるのを観るのだ。これを観おわった後、眼を開けても閉じても、明瞭に夕日を観るようにするのである。これが日想である。第一の観である〕

丸い太鼓のような夕陽をイメージしながら瞑想する。そうすると実際に目の前に巨大な夕陽が現れる。観想《かんそう》という行《ぎょう》である。十三のステップを実践していけば、観音菩薩や阿弥陀仏を観ることができる。『観無量寿経』自体は原典が不明の経典であるが、このような実践は大乗仏教の最初期から重視されてきたものである。

上町台地においては、西へと沈む夕陽を見ながら「いつか自分も帰っていく世界」を体得する営為が古代から行われてきたと思う。日本における宗教性を考える上でも重要な地なのである。

ここが弱法師の舞台となるのは、もうひとつ理由がある。それは「四天王寺は弱者が身を寄せる場所」ということである。四天王寺は六世紀に聖徳太子が難波・荒陵《あらはか》に造立した寺院だとされている[20]。そして、仏法を学ぶ敬田院《きょうでんいん》・医薬を扱う施薬院《せやくいん》・病院としての療病院《りょうびょういん》・ホームレスなどを保護する悲田院《ひでんいん》、すなわち四箇院《しかいん》が設けられた。ここは弱者やマイノリティが集《つど》う場所であったのだ。

また、四天王寺のあたりは荒陵と呼ばれるほど悪所だったのだろう。これはこの地の性格形成に大きな影響を与えていると思う。生國魂神社や四天王寺の周辺には悪所が隣接している。そこに芸能が発生してきたのだ。これらの猥雑な磁場がなければ、後世、近松門左衛門も井原西鶴も歴史に登場しなかったに違いない。今でもここには寺社とファッションホテルが隣接し、国立文楽劇場がある。

■説経節「しんとく丸」

以上のような背景があって「弱法師」は成立するのである。

また、「弱法師」の物語は能楽だけではない。説経節、文楽、歌舞伎、河内音頭《かわちおんど》、そして落語にも演目がある。それぞれかなりストーリーは異なる。説経節「しんとく丸（信徳丸）」では、次のような筋立てになっている。

河内・高安の信吉《のぶよし》長者には子どもがいない。夫婦で清水寺へと子授けの祈願へ行くと、観音菩薩が現れて「お前たちに一人だけ子どもを授ける。しかし、その子が大きくなったら父か母の命にかかわる心配がおこる」と告げる。信吉夫妻は、「それでも結構です。お願いします」と答える。やがて夫妻に男子・信徳丸が生まれ、大事に育てられる。九歳になった信徳丸は、しぎの寺（信貴《しぎ》山《さん》・朝護孫子寺《ちょうごそんしじ》か、鴫野《しぎの》・大日寺《だいにちじ》ではないかと言われている）に三年間の寺入りをする。そして寺で一番の学者になる。美少年であった信徳丸は、四天王寺の聖霊会《しょうりょうえ》に稚児《ちご》として出る。この時、信徳丸は乙姫を見初めて、恋わずらいとなる。そんな中、実母が亡くなり、後妻が来ることとなった。後妻は連れ子の次郎を跡継ぎにしようと、信徳丸に呪いをかける。深夜に呪術を行うのである。これによって信徳丸は病に臥し、盲目となる。やがて後妻の策略で信徳丸は四天王寺に捨てられる。よろよろとしか歩けないので、弱法師と呼ばれる。その場面を説経節では、「『さらば教へに任せ、そでごひを申さん』と、蓑・笠を肩に掛け、天王寺七村[21]をそでごひなされば、町屋の人は御覧《ごろう》じて、『これなる乞丐人《こつがいにん》な、物を食はぬか、よろめくは。いざや異名を付けん』とて、弱法師と名を付け、一日二日は育めど、次いで育む者はなし」（そうであるならば、御本尊の教えに従い、物乞いをしようと、蓑と笠を肩に掛けて、天王寺七村を回った。人々はこれを見て、「この乞食《こつじき》は何も食べていないようだ、よろよろしている」と、弱法師とあだ名をつけた。一日や二日は施したものの、そのうち誰も施さなくなった）と語るのだ。

しかしその後、乙姫の活躍で呪いはとけて二人は結ばれ、一方我が子可愛さに信徳丸に呪いをかけた後妻は難病を患う、といった結末を迎える。説経節には「弱法師」と同様の内容で「あいごの若」（愛護若）という別の演目もある。

■文楽・歌舞伎に河内音頭

文楽・歌舞伎では、「摂州合邦辻《せっしゅうがっぽうがつじ》」として公演されている。こちらのストーリーは、以下のようなものである。

河内国《かわちのくに》の大名・高安通俊の子・俊徳丸は、通俊の後妻（俊徳丸の継母）である玉手御前《たまてごぜん》とともに住吉大社へと参詣する。玉手御前は継母といっても、俊徳丸と年齢は三歳ほどしか違わないのだ。そして玉手御前は俊徳丸に言い寄る。しかし、俊徳丸は断る。彼には許婚者《いいなずけ》・浅香姫がいる。

住吉より帰ってのち、俊徳丸は大病を患い、容貌がみにくくなってしまう。そこで腹違いの兄弟・次郎丸に家督を頼み、家を出る。俊徳丸が家を出て一年。四天王寺の池あたりにそれらしい人物がいると聞きおよび、浅香姫が四天王寺へと向かう。二人は再会を果たすのだが、浅香姫にあきらめて帰るように説得する俊徳丸。そこへかねてより俊徳丸を害しようとたくらんでいた次郎丸がやってくる。このピンチを救うのが、合邦《がっぽう》という世捨て人である。合邦はこの近くに閻魔堂を建立しようと志して、鉦《かね》を叩き地獄極楽について面白おかしく説きながら建立の寄進を募っていたのだ。

合邦の家では皆が集まり、百万遍の念仏をおこなっている。合邦とその女房は、玉手御前の父母であった。玉手が死んだものと思い込み、百万遍念仏をしていたのだ。

夜半にその玉手がやって来る。父母に「私は俊徳丸が好きだ」と告げる。実は俊徳丸が変わり果てた姿になったのも、玉手が毒をもったためであった。醜い姿にして浅香姫が去るようにしむけたのだという。これを聞いて、激昂する合邦に玉手は殺される。死ぬ寸前に、初めて玉手は本当のことを打ち明ける。次郎丸が俊徳丸を殺そうとしていたことを知り、両方を救うために玉手は俊徳丸に毒をもったのだ。自分の生き血を飲ませれば回復することを教えて果てる。

玉手の極楽往生のため、皆は百万遍の念仏をする。俊徳丸は義理の母玉手より受けた恩を報ぜんと、この地に寺を建立することを決心する。合邦も閻魔王の頭をこの家に安置してそのまま辻堂とし、娘があの世で地獄の責め苦にあわぬよう祈ろうとするのである。

次は河内音頭の「俊徳丸」のストーリーを紹介しよう。

高安郡の山畑という土地。二代目長者・信吉の息子である俊徳は、三代目になるべき身であった。しかし、母に死に別れ、後妻おすわによって継子虐めにあう。おすわは、重ね簞笥《だんす》の中から用意していた白無垢を取り出して、五寸鏡を胸に当て、春日の森で俊徳丸を呪う。「春日さま、今年五つに成る俊徳丸をあなたの力で殺してくだされ。願いをかなえてくれたら、灯籠《とうろう》を千も二千も寄進いたします」と。やがて俊徳は、腹違いの兄弟に家督を譲り、四天王寺へと旅立っていく。

ついでにいうと、折口信夫が『身毒丸《しんとくまる》』という小説を書いている。こちらは、父と同じ田楽法師を目指す美少年が主人公の話で、どことなく美少年と田楽法師の親方との同性愛の雰囲気が漂っている。三島由紀夫も近代能『弱法師』を書いている。東京の空襲で盲目になった俊徳の物語である。

このように、物語のバリエーションが多い。いったいどこに本線があるのだろうか。プロトタイプはどのような姿をしていたのだろう。「高安長者伝説」が基盤にあることも確かなのだが、やはりポイントは「四天王寺に身を寄せる弱者が救われる」というところではないか。かつての四天王寺はアジール（統治権力が及ばない場）であった。そして、四天王寺の周辺は、日本初の都市ともいうべき地である。市・座が成立し、宗教者・芸能民・商工業者・漂泊する者・放浪する者、無縁の人々が行きかう場であった。三昧聖《さんまいひじり》・勧進僧《かんじんそう》・連歌師《れんがし》・遊女、そして真言律の僧や時衆の僧、酒屋・油屋・鋳物師《いもじ》・魚商人・獅子舞などが無縁社会を形成していたのである。(22)

そして、四天王寺へと身を寄せた人々が仏法によって救われるところに、この物語がさまざまな芸能に取り込まれていった要素があるのだ。

■落語「弱法師」（菜刀息子）

さて、そこで落語「弱法師」である。これは「菜刀息子《ながたんむすこ》」と呼ばれるネタであったが、今日では「弱法師」と称されるようになっている。

厳しい父親と優しい母親に育てられた一人息子・俊三。父親のいいつけで包丁を注文したのだが、間違った種類の包丁を購入してしまう。激しく叱責する父親に、おとなしい俊三は何ひとつ言うことができず、ひたすら頭を下げるばかり。母親がとりなそうとするが、父親の怒りはおさまらない。ついには「出ていけ」と怒鳴る。真面目な俊三は、これをまにうけて、家を出てしまう。

俊三が行方不明になって一年以上。老夫婦はすっかり気落ちしてしまい、息子は死んだものとしてあきらめようとする。気分転換に四天王寺へ参詣に来た老夫婦は、物乞いになって生きている俊三を見つけるのであるが……。

（筆者によるまとめ）


ほとんど笑う場面もなく、父・母・息子の心情を微妙に描く演目である。現代人には感情移入しにくい部分も多い。

このネタの眼目はどこにあるのだろうか。

ひとつには、〝商人の価値観〟が語られているところがポイントだろう。商人の町で見事生き抜いていくためには、何が大切なのかが表現されている。また、ネタの中で「たてまえ」と呼ばれるさまざまな職種の売り声が入る。売り声で季節のうつろいを聞かせていくのは、この噺の特徴である。ここには庶民があの手この手で零細な仕事に精を出して暮らす姿勢を感じることができる。前述したように、かつてはニッチな職業が多かったのである。「弱法師」を手がかりに、このような演目を作ってしまうところが、落語ならではの手法なのかもしれない。

また、やはり落語にも四天王寺へ身を寄せる弱者が描かれている。落語では日想観はないのだが、俊三が力なく石の鳥居の根本に腰掛けている姿が描写される。「弱法師」や「しんとく丸」がベースにあるからだ。社会保障や福祉が未発達な社会において、弱者がどのように生き抜いていったのか、ここに落語「弱法師」のモチーフがある。

成熟する日本仏教の説教

日蓮は辻説法で人々を教化《きょうけ》した。舌鋒鋭く語る姿は、日蓮が仏道に邁進する姿そのものであった[23]。空海や最澄、法然や親鸞、いずれも人々の心を揺さぶり仏道へと導く説法の手腕を身にそなえていたと思われる。法然は、著作は少ないものの、法語や当意即妙な応答がずいぶん残されている。いずれも実に魅力的である。法然はオーラル系の人だったに違いない。

南都の説法、天台宗の説法、真言宗の説法などが次第に熟達していく中、安居院《あぐい》流唱導や三井寺派の唱導が完成する。前述したように、聖覚《せいかく》の弟子・信承《しんじょう》が撰述した『法則集』には、説教者の心得、作法、立ち居振る舞い、さまざまな口伝《くでん》、音声の調子、抑揚など、安居院流唱導が体系的にまとめられている。

たとえば、「入堂の事」「登礼盤《とうらいばん》の事」などの作法から、表白《ひょうびゃく》や願文《がんもん》などの声明《しょうみょう》に関することまで、広い意味での唱導（声明や説法で導く行為）が語られている。そして、「説法の本意は、衆生を度するためにある。説法者は慈悲の心で語るべきであり、自分の名利《みょうり》によって間違った教えを説いてはならない」といった諫言《かんげん》、「説法とはすべて三段になっている。表白・正釈《しょうしゃく》・施主《せしゅ》の三段である」という説教の構成法や、「声は弱からず強からず。響くように声を張る」などの指導も述べている。

安居院流の説法をさらに大きく展開した人物が善慧房証空《ぜんねぼうしょうくう》であるとされる。西山浄土宗の祖である。証空には、「絵解きを始めた人物」という伝承もある。そのあたりの真偽は不明だが、少なくとも証空の弟子・証慧《しょうえ》が「当麻曼荼羅《たいままんだら》」の絵解きを口舌《くぜつ》したことは記録されている。

また本願寺の蓮如《れんにょ》は、モノローグだけでなく、ダイアローグ（対話）の技術を使った伝道・布教も行った。蓮如は説教の合間に謡曲などを聞いて楽しむなど、仏法と芸能とが交錯する場を大切にした人物だった。

近世において説教を大きく発達させた宗派として、浄土宗と浄土真宗を挙げることができる。特に浄土真宗は仏法を聴聞することに主軸がある宗派だ。必然的に説教が成熟していく。その傾向は今日においても続いている。法座における説教・法話は、浄土真宗の生命線なのである。

■浄土真宗の説教

落語・講談・浪曲などの語り芸能の基盤には、伝統的な日本仏教の説教があることは間違いない。また、双方は今日に至るまで互いに影響を与え合いながら展開してきた。しかし、芸能と説教は根本的に別の性格をもっている。説教はあくまで伝道・布教の手段である。説教者は自分の見事な節回しや声を聞かせるために語っているのではない。伝道とは「ある体系が紡ぐ物語の共有を促す営み」である。人間は無秩序状態に耐えることはできない。我々は、この世界の意味を求め、生と死の意味を求める。そして我々の根源には、物語を共有する喜びというものがある。これは人類が何万年も前から変わらない部分である。

　説教者は仏法という教義体系を伝えるために語る。ゆえにあまり聞き手を喜ばせることに腐心してしまったり、語りの技法に凝ってしまったりすると、本来の姿を見失う場合もある。個人芸へと偏ってしまうと、説教者の本義を損なうこともある。臥竹軒《がちくけん》は『下手談義聴聞集《へただんぎちょうもんしゅう》』で「惣じて近年の談義僧は、はでを第一にして、役者の声色を、まねらるる是はやくしや違いか。（中略）其中へ当世もてはやす、落し噺といふ事を入てうれしがらせ……」と、芸能的な説教を痛烈に批判している。

　そのため、現代の浄土真宗本願寺派などは、「名人の個人芸ではなく、マニュアル化したもので全般的底上げを目指す」といった方向性を進めてきた。(24)

　ただ、苦心に苦心を重ねて練り上げられてきた説教の語り技法を軽視してはいけない。それはそれで先人の血と汗と涙の結晶でもあるのだ。

　幕末から大正を生きた真宗大谷派の説教者に大須賀《おおすが》順意《じゅんい》(25)がいる。節談《ふしだん》説教者として名をはせた。節談説教とは、語りに独特の節《ふし》や抑揚をつけ、聞く者の情感を喚起する技法を駆使する説教である。浄土真宗独特の説教法として知られている。(26)大須賀順意は『説教の秘訣』という著作を残しており、この書が近年、節談説教研究者の府越《ふごし》義博《ぎはく》によって復刊（現代語訳）された。日本仏教における説教の成熟ぶりが見て取れる貴重な資料と言える。

『説教の秘訣』には、「説教者たるもの一日たりとも聖教・仏典の拝読を怠ってはならない」「説教は平生の談話の時にも高座に登っているつもりで態度や言動に意識をもつ」「日常の家族に対する話こそ最も注意すべきである。一言一句おろそかにしてはいけない」といった内容が述べられている。この中でも興味深いのは、「家族への態度」である。これは出家者とは異なる真宗僧侶ならではの問題であろう。

さて、この書の中では例の「芸能風説教の問題点」も取り上げられている。大須賀自身の体験談に基づくならば、芸能風の説教を厳しく批判する学者も、自らの技術を誇る説教者も、どちらも極端に走っているということになるらしい。双方の言い分に耳を傾けながら、仏法を伝える道を歩むのが説教者だと言う。大須賀は、説教者の口伝にある「説教は、聞け書け語れ、座を重ね、人にたずねて、癖を直せよ」を忘れぬことを説いている。前出の「始めしんみり、中おかしく、終わり尊く」や、「讃題《さんだい》に、ついて離れて、またついて、花の盛りに、おくが一番」などといった説教者たちの口伝は、まことに味わい深いものがある。

『説教の秘訣』に説教の組織法と名づけられたものが述べられている。説教には三分式・四部式・五段法があると言うのだ。三分式とは、「序分・正宗分《しょうしゅうぶん》・流通分《るずうぶん》」の構成を指す。これは古来、仏教経典を読み解く時にも使われている。説教の序論・本論・結論といったところだ。大須賀によれば、初心者はこの構成がよいらしい。初心者があまり複雑な組み立てをするのはよくないと諭している。四部式とは、「序・主・事・結」の構成である。序論・本論・比喩や因縁（事）・結論のことである。三分式にしても、四部式にしても、大須賀はひとつひとつ詳述しており、さまざまな応用を駆使した説教を実践していたことがわかる。そして最後の五段法。これについては次項で述べる。

■節談という説教技法

浄土真宗は「仏法を聴聞する」を軸に仏道を構築してきた宗派である。そのため、説教が行われる法座に心血を注いできた。

近世初期において、浄土真宗の説教は独自の様相を見せる。讃題・法説・比喩・因縁・結勧《けっかん》という五段法の構成が確立する。前項で大須賀が取り上げていたのがこれである。「讃題」とは、今から語る内容のテーマを聖教から抽出したものであり、それをおごそかに朗誦《ろうしょう》するところから説教が始まる。(27)次の「法説」は讃題の内容を説くことであり、その内容を比喩でわかりやすく伝えるのが「比喩」のパートとなる。四番目の「因縁」はテーマに沿った物語。そして、最後の「結勧」(あるいは合法)できちんと話を仏法へと着地させるのである。

五段法は、天台宗において『法華経』の「三周説法」の思想(28)がベースになったと考えられているが、かなり真宗独特のものである。今日においては、伝統的な説教技法である節談説教で五段法が使われている。

節談は近世中期から後期にかけて完成した伝統的な説教技法であると言える。節談という特別な説教があるのではない。近代になって講義型の法話が登場して、伝統的な説教を節談と呼ぶようになったのである。この技法を使って広く名を知られた説教者たちは数多い。宮部円成《みやべえんじょう》、木村徹量《きむらてつりょう》、服部三智麿《はっとりみちまろ》、範浄文雄《のりきよぶんゆう》、亀田千巌《かめだせんがん》、神田唯憲《かんだゆいけん》などは研究対象にもなっているほどの説教者である。

また、節談は「東保流《とうぼ》」「遠藤流」「調流《しらべ》」「椿原流」など数多くの流れも派生した。また、能登節や三河節などといった地域色豊かなものも生まれている。節談の特徴として、「七五調」「語りの中で節がつく」「独特の口調の定型がある」「高座で語られる」「黒衣・五条の装束」などを挙げることができる。比喩・因縁話を活用するところに特徴がある。最後に結弁《けちべん》と呼ばれる定型言説があって、これなどは一度や二度聞いても何を言っているのかよくわからない。かつての説教は長年にわたって聴聞し続けることを前提としているので、一回でわからせようともしていないのである。むしろ、その弁舌と高い儀礼性に感銘を受けてしまう。

かつて、節談のような伝統的説教は、師に随行したり、専門の私塾で学んだりして習得した。先人の指導なしには難しいものであった。節談を指導してもらえる私塾としては、御子神恵門《みこがみえもん》が開設した東保流・獲麟寮《かくりんりょう》（現・兵庫県揖保郡《いぼぐん》）が最も有名であった。もともとは教学を学ぶ塾であったが、唱導的説教を整備・体系化し、教育した。説教に節がついていると、聴聞者の心に残りやすいからである。東保流はシステマチックな節談を構築したところに特徴があり、その功績は大きい。その一部を紹介しよう。以下は東保流の語り技法である。⑴「地口調」通常の語り、語尾を強く発声する。⑵「棒引き」抑揚をつけずに、高く大きくまっすぐ語る。⑶「位引き」ラの音程で、荘重な調子。⑷「威張り」初めの一句を力んで語る。⑸「乗り口調」弁舌快調に、強く、激しく。また、写実的な場面では「浮き乗り」を使う。⑹「甲拍子」持ち前の発声で、対句を上から下へ、下から上へと交互に強弱をつける。⑺「乙拍子」甲拍子と同様の技法を使い、情緒的に語る。⑻「セリ口調」一段と声をセリ上げて、調子を上げる。また最後に語勢を落とす「落ち口調」も使う。セリと落ちは密接な関係である。⑼「当たり口調」語尾を長く、力を入れる。⑽「ハネ口調」語尾を特にハネ上げる。このように高度な技術を構築している。そして、どの場面でどのような調子・口調を使うか、説教の台本に書き込み、修練したのである。東保流は今日にもその姿を残す貴重な流れであり、まだこれから研究すべき余地を残している。

獲麟寮の他にも、大阪には遠藤了義の遠藤流・獅子《しし》吼寮《くりよう》があった。遠藤は浄瑠璃説教などとも言われ、女義太夫《おんなぎだゆう》の名人・豊竹呂昇《とよたけろしょう》とも仲が良かったらしい。

すでに随行制度も絶え、獲麟寮や獅子吼寮もない。近代において、芸能風のみっともない説教などといった烙印をおされた節談は衰退していった。しかし、昭和三十年代に関山和夫をブレーンとして、小沢昭一や永六輔《えいろくすけ》が節談に注目した。その際に活躍した祖父江省念《そぶえしょうねん》は、一時期、節談説教の代表的人物として大いに活躍する。

節談は、落語・浪曲・講談などの要素を内包している。どの要素も芸能のように洗練されたものではなく、素朴な姿のままである。それだけに、節談説教が多くの語り芸能に影響を与えたであろうと推測できるのである。また反対に、落語・浪曲・講談の影響を受けて節談が発展した部分もある。近世後半から近代初頭にかけて、これらは互いに切磋琢磨した時期があったに違いない。

最後に、浄土真宗の念仏についても少しふれておきたい。「大念仏法会《だいねんぶつほうえ》」のところで取り上げた道御《どうぎょ》は、後に大念仏があまりに芸能化してしまったことに耐えかねて、精進潔斎《しょうじんけっさい》を堅持する持斎《じさい》念仏（六斎念仏）を勧めるようになる。しかし、本来は厳格な儀礼であり修法であった六斎念仏もやがて歌舞化していく。六斎念仏の基本の節に「四遍《しへん》」「白舞《はくまい》」「阪東」というのがある。これに組曲「総下し」を加えて六斎の四曲となるのであるが、今日、東本願寺（真宗本廟）の報恩講《ほうおんこう》で行われる坂東節[29]はその流れの上にあるのだ。

考えてみれば、親鸞は比叡山の堂僧であった。堂僧は常行三昧堂《じょうぎょうざんまいどう》で勤める僧侶である。ここは慈《じ》覚大師《かくだいし》円仁《えんにん》が中国から法照《ほっしょう》流の五会念仏《ごえねんぶつ》（五台山念仏三昧之法）を持ち込んだ場所であり、ここで唱えられた念仏はメロディや抑揚をつけた音楽的な念仏であった。常行三昧について、天台大師智《ち》顗《ぎ》は『摩訶止観』で「九十日、身、常に行きて休息《くそく》なし。九十日、口に常に阿弥陀仏名を唱えて休息なし。或は唱と念と倶《とも》に運ぶ。或は先に念じ後に唱え、或は先に唱え後に念じ、唱と念と相継ぎて休息する時なし」と説いている。親鸞はこのような念仏を修得していたに違いない。

親鸞が和讃を数多く創作したのも、合誦《ごうじゅ》や歌唱による宗教的共振の重要性を認識していたからだろう。和讃の創作は、宗教儀礼の整備という意味もあったと思われる。儀礼性を読み取りにくい親鸞思想において、この方面からの研究が待たれるところである。

比較宗教学的視点からの落語

明治時代の説教本を読むと、次のような話が出てきた。

親父酒に酔ひて帰り、コリヤ半蔵ヨ己れが頭は三ッ有るから然《しか》な者に跡は譲られぬワイ、と云ひけるに、同じく息子も酔て居て（落《おち》）「ヘン斯《こん》な廻る家を何にするものだ」（『説教洒落嚢《しゃれぶくろ》』）

今日の「親子酒」（148ページの注4参照）のサゲの部分である。説教の中でも語られていたのかと感心した。説教本ではこの小咄の後、不飲酒戒《ふおんじゅかい》について語っている。「親子酒」が説教に使われていたとは。だから落語のネタはあなどれない。

本章の冒頭で、宗派別にネタ分類を列挙した。これに倣って、神道系のネタを取り上げよう。幕末から明治にかけて、神道復興機運が盛り上がる。同時に仏教へのバッシングが起こる。その状況の中、神道講釈や心学講釈などが盛んになったことはすでに述べた。(30) まさにそういった事情が背景となったネタがある。「神道又《しんとうまた》」（別名、三年酒・神道の御神酒《おみき》）である。

まだ人別帖を寺が担当していた時代、大坂の茨住吉神社で神道講釈を聞いて影響を受けた又はん。やはり日本は神道の国だ、などと考えるようになる。ある時、又はんは池田のおじのところで酒を飲んで帰ってくる。ところが翌朝になっても起きてこない。家族は死んだものと思い、葬式を出すこととなる。又はんが「神道で葬式を出したい」と言っていたので、神式で行おうとするが、檀那寺の住職が認めない。みんなで協力して、無理やり神道で葬式を行い、土葬する。実は又はんが飲んだ酒は、飲むと三年間死んだようになるという中国の特殊な酒であった。土葬されたことで又はんは目覚める。
（筆者によるまとめ）

仏教側が終始悪役でストーリーは進み、最後は「神道だったから助かった。仏教なら焼かれていた」となっている。つまりこの噺は、仏教なら火葬となり、神道なら土葬という各宗教特有の思想に引っかけているところが特徴的なのである。こういう噺は貴重である。死者儀礼はどの宗教においても重要な要素である。そこを見事に取り上げている。比較宗教的な考察をする上でも味わい深い。

他にも、神道の「水に流す構造」を下敷きにした「風の神送り」や、神道と仏教の論争を扱う「神道の茶碗」（別名、神仏論）も、比較宗教思想の研究者にとっては興味津々の演目である。

神道関係のネタは、仏教のように宗派で分けることはできないが、以下のように分類してみた。

(1) 天神《てんじん》系：「初天神」「天神山」「狸《たぬき》の賽《さい》」「質屋蔵」など。
(2) 住吉系：「住吉駕籠《かご》」「卯の日まいり」「和歌三神」など。
(3) 稲荷《いなり》系：「稲荷俥《ぐるま》」「紋三郎稲荷」「王子の狐《きつね》」など。
(4) その他の神社・参拝：「人形買い」「牛ほめ」「住吉駕籠」「高津の富」「つぼ算」「東の旅」「西の旅」「初天神」「いらちの愛宕《あたご》詣り」「大山まいり」「愛宕山」「富士詣り」「崇徳院《すとくいん》」「佃《つくだ》

祭《まつり》」など。

（5）言霊《ことだま》・卜占《ぼくせん》系：「つじうら茶屋」「けんげしゃ茶屋」「かつぎや」「米あげ笊《ざる》」「松竹梅」など。

（6）その他：「氏子中《うじこじゅう》」「厄祓い」など。

「人形買い」では神功皇后《じんぐうこうごう》の話が出てきたり、「牛ほめ」には秋葉山の御札が出てきたりするので、ここに加えた。仏教系のネタでも同様の事情であるが、かなり無理してあてはめている面もある。また、本来は宗教色が強い演目であったのに、現在ではそれが薄まってしまっているものもある。「住吉駕籠」では、「眼が覚めたらええ天気、一遍すみよっさんでもお参りに」といったくだりが繰り返し語られる。いかにも庶民の日常に根ざしたムードがよい。

「大山まいり」は、神奈川県大山の山頂「大山阿夫利神社《おおやまあふりじんじゃ》」に、旧暦六月から七月にかけ参拝するもので、江戸期の人々に、富士山の霊験《れいげん》を信仰する「富士講《ふじこう》」とならび、大変人気の高い民間信仰であった。

ついでに、他の宗教も挙げよう。儒教だと「二十四考《にじゅうしこう》」「孝行糖」「桃太郎」「廓大学《くるわだいがく》」「厩火事《うまやかじ》」「御慶《ぎょけい》」、心学は「天災」、キリスト教は「宗論」といったところか。また、キリスト教のネタとして「禁酒運動」というのがあったそうだ。初代・桂小春団治の創作で、プロテスタントの救世軍の禁酒活動をテーマにしているらしい。すでに消失してしまっているが、ぜひ復興してみたい演目である。

もちろん、いずれのネタもきれいに分類はできない。かなり筆者の主観でカテゴライズしている。ひとつの噺にいくつかの宗教が混在しているものもある。「宗論」はクリスチャンが出てくる貴重なネタだが、浄土真宗の門徒ネタでもある。

宗教という視点から落語を見直してみると、そのネタの新しい一面が浮かび上がることもある。これは落語ファンにとっても、宗教に興味をもつ人にとっても、お勧めである。日本文化の奥にある扉を開けることができる。

また、落語のような民衆芸能を、各宗教の文脈から読み解くことで、我々の宗教的感性は鍛錬される。宗教というのは、なかなか取り扱いが難しい。宗教的感性が鈍いと、他者を傷つけてしまうことだって起こる。それぞれの人の宗教性は尊重されねばならない。しかし、宗教において、どこまでが尊重されるべきで、どこからは過剰な主張であるのかの線引きは簡単ではないのだ。その線引きに関しては、各人の宗教的感性が重要になってくる。そこで、比較宗教学的な眼で伝統芸能を鑑賞することをお勧めしたいのである。

■宗派の特性を比較

比較宗教思想から落語を見るならば、宗派仏教の特徴をとらえたネタは極めて興味深いものがある。

前出のリストから取り上げるなら、日蓮宗徒がネタとなっている「鰍沢」「甲府い」「法華長屋」

「堀川」「法華坊主」などは、日蓮宗徒の絆の強さをうまく表現している。いずれも宗派の特性を把握した作りとなっている。そこが楽しみどころである。

あるいは、浄土真宗のネタである「亀佐」では、節談説教が出てくる。つまり説教のパロディなのだ。他にも、真宗の説教のパロディとして「芋の地獄」がある。これも節談説教のモノマネで語る。「芋の地獄」には蓮如の「信心獲得章《しんじんぎゃくとくしょう》」(31)が出てくる。蓮如の御文《おふみ》(御文章《ごぶんしょう》)がそのまま出てくるネタは、「芋の地獄」と「お文さん」くらいであろう。「お文さん」ではもともと「五障三従章《ごしょうさんしょうしょう》」(32)が使われていたようだが、この章は現在では共感を呼びにくい。そこで筆者は、二〇一〇年に「お文さん」を復興する際、もっともよく知られた「白骨章」に変えた方がよいと判断した(33)。若旦那が日常の勤行《ごんぎょう》をする場面なので、葬儀や中陰法要で拝読されることが多い「白骨章」はそぐわないのであるが、やはり「朝には紅顔あって、夕には白骨となれる身なり」のフレーズは力がある。お寺でこのネタがかけられると、「白骨章」が読み上げられる場面でどっと反応がある。

日蓮宗や浄土真宗は草の根的に庶民へと拡大した宗派なので、やはり落語の中で語られることが多い。また、江戸は南無妙法蓮華経の噺が多く、上方は南無阿弥陀仏の噺が多いと言える。宗派と落語について考察すると、地域性や教線の分布なども見えてくる。

「法華長屋」というネタがある。長屋の大家が熱心な法華信者(日蓮宗)である。法華宗の者にしか家を貸さない。長屋の路地へは法華宗以外の者は入れない。他宗派の者が来たら、塩をかけて追い払おうとするほどである。そのかわり、法華信者には親切である。時には家にあげて、酒をごちそうしたりする。この長屋に真宗の門徒が「私も法華です」とウソをついて、肥え汲みの仕事に入り込む。大家から酒をごちそうになったこの男、酔っぱらってつい南無阿弥陀仏と称えてしまう……。この噺などは、題目と念仏が共に庶民の中に根を張り、テリトリーがバッティングするという背景をふまえている。狂言の「宗論」と同様の可笑しさである。

他にも「甲府い」や「小言念仏」などは、庶民の日常を舞台に肌感覚の宗教性や宗派性が語られている。うまいところに目をつけたものだと感心させられる。もちろん落語は大衆芸能であるから、ほとんどの噺はあまりひとつの宗派に特化しないような工夫がなされている。いろんな宗派の要素が混在しているネタも少なくない。それでも、宗派の特性を知ることでさらに楽しめるネタもある。また、教義・教学からは見えにくい宗派の性格を、落語から実感することもあるのだ。

宗教的な語りを

落語の「宗論」では、父親がつい息子にゲンコツをふるう場面がある。ここを現代の噺家・林家染雀は、次のように語る。

息子「お父さま、お打ちになりましたね」
父「ああ、打ったがどうした。こうでもしなければ、お前は目を覚まさないだろう!」
息子「主イエスは、左の頬を打たれれば、右の頬も差し出せとおっしゃいました。どうぞ右もお打ちください！」

父「そうか、それなら」

と、父親はさらに息子を打つ。この後、林家染雀による「宗論」では以下のようなやり取りになる。

息子「こうなれば、私も打ち返します！　目には目を、歯には歯を！！！」

父「お前、それは『ハムラビ法典』やないか！」

この場面が好きである。何度聞いても、うれしくなってしまう。こういう宗教ネタは大歓迎なのである。「宗論」の場合は、真宗門徒の父親が「今日にも息が切れたなら、おまちもうけのお浄土へお参りさせてもらえる。ありがたいこっちゃないか、なまんだぶ、なまんだぶ」というありがたい定型言説が語られた上で、この殴り合いのシーンがあるので、よけいに宗教的なくすぐりのエッジが効く。これなども、比較宗教的な楽しみ方である。

落語では多くの場合、僧侶や信心深い人がからかいの対象となる。つまり、宗教や信仰を笑いのネタに使えるほど市民宗教化しているのである。宗教や信仰を笑うには、成熟した文化と肌感覚の宗教性が必要である。お説教をパロディ化したような態度をとる落語は、やはりたいした芸能であると言わざるを得ない。落語は我々の日常生活における愚かさや寂しさを再認識させてくれる。それは宗教を知れば知るほど人間が愛おしくなる事態と通底しているのである。

本書において宗教と芸能に関わる考察を続けてきたのは、双方がいかに連動しているかを再認識するためである。そして、我々の宗教的感性において、芸能がもつ宗教性がどれほど重要であるかを伝えたい。また、芸能の領域において宗教性を枯らしてはいけないことを伝えたい。そんな思いで書いた本なのだ。我々には宗教性の高い語りが必要なのだ。

東日本大震災が起こった時、七十九歳（当時）の詩人・高良《こうら》留美子は「その声はいまも」という詩を『現代詩手帖』（二〇一一年六月号）に発表した。防災マイクで避難を呼びかけ続ける女性を、擬人化された津波が飲み込む描写になっていて、「その声はいまも響いている／わたしはあの女《ひと》を町ごと呑みこんでしまったが／その声を消すことはできない」と津波が独白する詩である。その宗教的な語りに胸をうたれた。高良もそのことを自覚しているのだろう、この詩に「東北の巫女《みこ》たちよ、シャーマンたちよ、よみがえって語りはじめよ」と付言している。シャーマンの語りを今こそ、と呼びかける高良の姿勢に共感した。

宗教は生と死に最終的な意味づけをする機能をもつ。宗教性の高い語りがなければ、我々の人生はあまりに過酷である。さまざまな物語が交錯する場に身をおかねば、生きていくのは困難なのである。逆にいえば、そのような場に身をおくことができれば、我々は苦難の日常を見事に生き抜くことができる。

ただ、前述したように、宗教は信じている者と信じていない者との境界をつくる。宗教が境界を生み出すことは避けられない。しかし、その境界を軽々と超える能力をもつのが芸能であり、アートであり、音楽である。双方が呼応しながら織り上げる、豊かな世界に目をむけ耳を澄ませよう。宗教性の高い語りに身心を同調させよう。予想もしていなかった回路が開くはずである。

［注］

（1）**世自在王仏**　ある国の王が世自在王仏《ローケシュバラ》のもとで出家をして、ついには阿弥陀仏となった。これが阿弥陀仏のストーリーである。これは明らかに釈迦の生涯を下敷きにしている。つまり、阿弥陀仏は〝永遠化された釈迦〟という性格をもつのである。世自在王仏は、釈迦が前世において師事したとされる燃燈仏《ディパンカラ》と重なる。

（2）**五千人の給食**　イエスのもとへ五千人もの人が集まったとき、食べ物が魚二匹とパン五切れしかなかった。しかし、これを分配するとなぜか全員が飢えずにすんだという奇跡譚。

（3）**異邦人への福音**　イエスの弟子・ペトロが、天から降ってきた食べ物を食べる。しかしその中にはユダヤ教で禁忌とされている食物が入っていた。ペトロは「食べられない」と言うが、神は「私が清めたものだから食べなさい」と命ずる。キリスト教がユダヤ人以外にも開かれていく象徴的な出来事。

（4）**天からのパンであるマナの物語**　イスラエルの民が奴隷の状態から解放され、エジプトを脱出して荒野を旅するが、持っていた食物が尽きる。リーダー役のモーセが神に祈ると天から不思議な食べ物・マナが降ってきたという奇跡譚。この話にはさらに続きがあって、マナにあきた人々が不満を口にすると、次は肉が降ってくる。しかし、今度はひたすら肉ばかり食べることになる。不満をもつ人間への、神からの罰だったのだ。

（5）**讃美歌三一二番、三七〇番**　三一二番は「慈しみ深き、友なるイエスは～」と高座で歌う。三七〇番は、「十字架にかかりて、血の滴る、主イエスの心、恵みたまえ」という歌詞が歌われるのであるが、これの出典は不明。

（6）**転失気**　普段から知ったかぶりをするお寺の住職。往診の際にお医者さんから、「転失気はありますか?」と尋ねられたのだが、何のことかわからない。しかし、知らないとは言いたくない。そこでその場はごまかしておさめ、小僧に「近所のお店に行って、転失気を借りてこい」と使いに出す。そうしたら、転失気が何なのかがわかるだろうという算段である。しかし、実は転失気とは意外なものだった。結果的に住職は大恥をかく。

（7）**手水廻し**　大坂の商人が田舎の旅館に宿泊した。朝、宿の者に「手水を廻してくれ」（洗面の準備をしてくれの意）と告げる。しかし、宿の者は誰も「手水を廻す」の意味がわからない。そこでお寺の住職に教えを請う。住職は物知りを自慢しているような人物である。「手水」がわからない住職は、「ちょうずとは、長い頭のことだ。長頭《ちょうず》だ」などとめちゃくちゃなことを教える。

（8）関西では「淀川」という演目となる。

（9）**明烏**　息子の時次郎があまりに堅物であることを心配した親旦那。町内の遊び人に頼んで、息子を女郎買いに連れて行ってもらう。名人といわれた八代目・桂文楽が得意ネタとした。

（10）**居残り**　金も無いのに、遊廓で派手に遊んだ男・佐平次。ずうずうしく遊廓に住み込み、口八丁手八丁でお店を切り盛りし始める。

（11）**親子茶屋**　息子の放蕩ぶりを歎く父親。息子にいくら説教しても、暖簾《のれん》に腕押しである。このままではお店の将来が不安だなどと愚痴るのだが、実はこの父親も息子に劣らぬ遊び人であった。

（12）**子別れ**　長い噺であり、後半部分だけ語られることが多い。腕はいいが、大酒飲みの大工・熊五郎。女遊びが過ぎて、妻と子が出て行ってしまう。その後は心を入れ替えて真面目に暮らす。ある時、熊五郎は、ばったりと息子の亀坊に遇う。息子の話を聞いて、できればもう一度妻とやり直したいと考える。「子は鎹《かすがい》」とも呼ばれる。

（13）**悋気の独楽**　嫉妬（悋気）深い奥さんが、旦那の浮気を心配する。旦那にお供していた奉公人の定吉から、なんとか聞き出そうとしているうちに、定吉が三つの独楽を持っていることに気づく。実はこの独楽は、旦那が本妻宅と妾宅とどちらに泊まるかを占うためのものだった。

（14）**紙入れ**　出入り先のおかみさんに誘惑された小間物屋の新吉。旦那の留守におかみさんと一緒に居ると、急に旦那が帰って来る。あわてて逃げ出すのだが、紙入れ（財布）を忘れたことに気づく。しかもその紙入れには、おかみさんからの手紙が入ったままなのだ。ベースは艶笑噺《えんしょうばなし》（破礼《ばれ》噺）である。

（15）**蛙茶番**　町内で素人芝居『天竺徳兵衛《てんじくとくべえ》』をすることになった。ところが舞台番（舞台の袖で騒がしい客を静める役）をするはずの建具屋・半次が、すねてやって来ない。そこで番頭が一計を案じて、半次が喜んで舞台番をするように仕向ける。結局、半次は急いでやってくるのだが、ふんどしを締め忘れてしまったために……。

（16）**不動坊**　長屋に住む利吉のところに縁談が舞い込む。相手は、急死した講釈師・不動坊の妻であったお滝である。美人のお滝と一緒になれるとあって、利吉はすっかり有頂天。それを苦々しく思う長屋のやもめたちが、利吉とお滝を怖がらせようと、不動坊の幽霊が現れるといういたずらを決行する。

（17）シテの弱法師は、弱法師面とよばれるこの曲特有の盲目面を被り、黒頭の髪を振り乱して、いかにも異形の様子。手には普通より長い杖を持ち、手探りしながら舞台前面に進み、シテ柱を鳥居に見立てて、「石の鳥居こゝなれや」と、杖を当てる。この曲の見所。

（18）**日想観**　注19の『観無量寿経《かんむりょうじゅきょう》』に、第一番の観想として挙げられている。心を統一・集中して、空に鼓《つづみ》をかけたように、まさに夕陽が沈もうとするさまを観想する修法である。「じっそうかん」と読む場合も、「にっそうかん」と読む場合もある。

(19)『観無量寿経』には、定善《じょうぜん》と散善を合わせて十六の実践法が説かれている。このうち定善は禅定《ぜんじょう》・三昧《さんまい》（瞑想）の実践である。定善の全十三観を列挙すると、一「日想観」、二「水想観」、三「地想観」、四「宝樹観」、五「宝池観」、六「宝楼観」、七「華座観」、八「像観」、九「真身観」、十「観音観」、十一「勢至観」、十二「普観」、十三「雑観《ぞうかん》」となる。一番目の「日想観」の場として名高いのが四天王寺西門なのである。

(20)大和から河内、そして大坂にかけては「聖徳太子信仰ライン」というものがある。特に「河内三太子」（叡福寺・野中寺《やちゅうじ》・大聖勝軍寺）と四天王寺を結ぶラインは強力である。

(21)**天王寺七村**　上之宮・土塔・河堀《こぼれ》・堀越・久保・小儀《おうぎ》・大江の総称。土塔塚は物乞いが多かったと言われている。また、四天王寺を取り巻くように「天王寺七社」（上之宮神社・土塔神社・河堀神社・堀越神社・久保神社・小儀神社・大江神社）があった。上之宮、小儀、土塔の三社は現在では存在せず、大江神社に合祀されている。

(22)**無縁社会**　近年、人がバラバラに暮らす社会を「無縁社会」と呼称するようになった。ネガティブな意味で使われているが、仏教用語の無縁は意味が異なる。すなわち、衆生縁《しゅじょうえん》（人間関係）・法縁（同じ道を歩む人）・無縁（何の関係もない人）の三つ（三縁）のうち、「無縁の慈悲」（縁がなかった人への慈悲）こそが最も素晴らしい実践なのである。そのため、本文で述べた「無縁社会」とは、地縁も血縁もない人々が肩を寄せ合いながら暮らす社会を指している。

(23)森鷗外は「日蓮聖人辻説法」という戯曲を書いており、明治三十七年（一九〇四）に上演されている。

(24)各宗派の中で唯一〝布教使《ふきょうし》〟の資格を設定している。一定期間、徹底した指導を受け、修練を重ねて資格を取得する。この資格がなければ、本願寺や別院など特定の法座で説教・法話ができない。布教師ではなく、布教使と表記する。ここには、自分の力で教えを授けるのではない、とする宗派の性格が表れている。

(25) 大須賀順意は自身の末弟を養子とした。この末弟が、中村久子を導き、大谷大学学長も務めた大須賀秀道である。
(26) 節をつける説教（節付け説教）は古くから各宗派で行われてきた。今日、日蓮宗の高座説教と呼ばれる技術などは、節談と共通する点が多い。
(27) 前項に出てきた「讃題に、ついて離れて、またついて……」という口伝は、讃題こそが説教の中軸であることを示している。
(28) **三周説法**　『法華経』の解釈に、「すべての衆生が救われるために、釈迦は〝法理・比喩・因縁〟の視点から、三度にわたって教えを説かれた」というものがある。これになぞらえて、さまざまな人々に説法する技法を三周説法と呼ぶこともある。
(29) **坂東節**　真宗大谷派に伝わる独特の声明で、年に一度、親鸞の命日にだけ勤められる。上下左右に大きく上体を揺らしながら和讃や念仏を称える作法は、「親鸞が越後に流罪となった際、船上で念仏を称えた姿を再現した」とも言われている。
(30) 三代目・桂米朝によれば、上方講談は「軍談」と「神道講釈」の二つの流れが融合したものとなる。
(31) **信心獲得章**　信心と救いについて述べられた蓮如の手紙。
(32) **五障三従章**　「仏教では女性が救われるのは困難だと言われているが、阿弥陀仏によって必ず救われる」と述べた蓮如の手紙。
(33) **白骨章**　「御文章（御文）」の中で最も知られたものであろう。世の無常や生のはかなさが表現されている。「お文さん」は三代目・林家染丸や、五代目・桂文枝などが得意としていた。残っている音源では「五障三従章」を読み上げているが、「白骨章」が使われることもあったようだ。筆者は「白骨章」の方が望ましいと考え、再興の際にこれを用いた。

あとがき

勤務している大学で「宗教と芸能」関係の講義を担当して数年になる。その中には一般市民が参加できる講座もあるので、毎年受講する人も少なくない。そのため、毎年講義内容を少しずつ工夫して変えている。本書にはそれらの講義が反映されている。そのため内容にやや広く浅くといった部分もある。ただ、視点や論点に関しては、めずらしいものになっているのではないかとひそかに自負している。

比較宗教思想の研究を続けているうちに、宗教文化についても考察することになった。その中でも〝語り芸能〟がどうしても気になる。これは自分自身が伝統的な説教にふれてきたからだろうと思う。子どもの頃から節談説教を聴聞していた。その一方で、ラジオで毎日のように落語を聞いていた（大阪では、かつて夕方に「パルコ10円寄席」という番組があった）。また、目覚ましがわりに早朝のラジオ「おはよう浪曲」も聞いていた（運動部の早朝練習があって、毎朝早起きだった）。そして、子ども心に「説教と落語や浪曲の内容はかぶっているな」と感じていたのである。実際、同じ小咄が使われていたりするのだ。もちろんその当時は双方のつながりについて知らなかった。今になって子どもの頃の謎解きをしている気分である。

朝日新聞出版の矢坂美紀子さんには、この場を借りて謝辞を申し述べたい。長い間お待たせすることになったにもかかわらず、根気よくおつき合いいただいた。彼女のサポートなしには、本書が発刊へと至ることはなかった。心より御礼申し上げる。

二〇一七年一月

釈　徹宗

付録　落語「お座参り」の創作

二〇一二年、筆者は笑福亭松喬に「お座参り」の創作を相談してみた。「お座参り」はすでに消失してしまっているネタである。断片的な情報しか残っていない。速記本などもない。わかっていることは、以下の二点ほどである。

(1)両親がお寺の法座へ出かけたすきに、娘が彼氏を家に連れ込む。ところが、両親が急に戻って来たので、娘はあわてて彼氏を逃がすというストーリー（「風呂敷」とよく似ている）。

(2)サゲが「お前の話は、今日の説教師よりも上手だ」となる。

しかし、「お座参り」というタイトルから類推するに、浄土真宗系の演目であることは間違いない。真宗門徒が説教を聴聞するため、熱心にお座へと通う姿が下敷きになっていると思われる。なんとか復活（というよりも創作なのだが）したいと考えていた。

笑福亭松喬は「お文さん」を復興する際にも協力をお願いした人である。[※] 実力派であり、語りに力のある師匠だった。「お座参り」の相談をもちかけた時、松喬は末期のがんと向き合っていた。入退院を繰り返す中、真摯にこの件と取り組んでくれた。

二〇一三年七月三十日、松喬は逝く。六十二歳であった。その前年、東京の築地本願寺で「お座参り」がかけられた。ほぼネタおろしの状況であったが、それがそのまま収録されたＤＶＤが発売されている（「松喬十六夜」日本コロムビア）。短い噺であるが、まだまだこれから練り上げられていく予定であった。

その「お座参り」の原案を掲載する。原案では、寺院の本堂において真宗門徒を対象として創ってあるため、あまり一般向きにはできていない。

※「お文さん」はその当時でもたまにかけられてはいたのだが、浄土真宗文化の色彩を強めて復興したいとの思いがあって、協力をお願いした。

【マクラ】

ひと昔前の言葉で、「お座」いうのがあります。ご存知ですか。ご法座のことです。法事の集まりのことです。

落語でもちょいちょい出てきます。「今日は島之内の万福寺さんのお座があるから」「あっちのお座、こっちのお座、参り歩いて……」いうような言葉が出てまいります。主に浄土真宗で使われてきたんですな。浄土真宗はご法座でお説教をお聴聞するんが大切なことですからな。

あのね、日本中のお寺の数は、コンビニよりも多いそうです。ちょっと驚きますな。そんなんやったら、もっとそのへんをお坊さんがウロウロ歩いてそうなもんです。

お寺さんの呼び方も、いろいろあります。みなさん、いつもお参りに来るお坊さんをどんな呼び方してはりますか。東京では、だいたい「和尚《おしょう》さん」と呼ぶそうです。何宗のお坊さんでも、「和尚さん」言うみたいでんな。関西は、もうちょっとバリエーションがあります。「ご院さん」「ごえんさん」「院主《いんじゅ》さん」、そんな言い方します。「和尚さん」がちぢまって、「おっさん」とか言う人もいますな。

「お住持《じゅうじ》」いうのは、禅寺のご住職に使うらしいです。日蓮宗は、「お上人《しょうにん》さま」言うたりします。女性のお坊さん、尼さんは「庵主《あんじゅ》さん」言う人もいますな。他にも、「ご院家《いんげ》さん」とかもあります。関西の浄土真宗は、「ご院さん」とか、それがなまって「ごえんさん」とか、「住職さん」とか言うみたいでんな。住職の息子さんを「若院《わかいん》さん」とか「新発意《しんぼち》さん」とか言うところもあります。

おもしろいのが、お寺の奥さんですな。浄土真宗やと「坊守《ぼうもり》さん」です。坊の守りをするからでしょうな。お寺の奥さんを「大黒さん」言うて呼んだりする宗派もあります。天台宗や日蓮宗では、台所に大黒さんをお祀りするからやと言われています。最近では「寺庭《じてい》婦人《ふじん》」てな呼び方もあるそうです。

お坊さんの呼び名ひとつでも、宗派や地域や文化の違いがあるんですな。その呼び名が親しみを表すことにもなります。「ああ、困ったなぁ。せや、お寺の院主さんに聞いてみよ」てな風情は、ええもんです。大事でんな、こういうことは。ひと昔は、何かとお寺に相談へ行ってましたようで……。

＊＊＊

おみつ　院住さん、居たはりますか？

住職　誰かと思うたら、おみっちゃんやないか！　どうしたんやバタバタバタバタと。あんたまだ下駄はいたままやないか。もうちょっと落ち着かなあかんで。年頃の娘さんやねんさかいに。一体どないしなはってん。

おみつ　えらいことですねん。

住職　えらいことて……。ああ、そうか……。気の毒に、なあ。「朝には紅顔あって、夕には白骨となれる身なり」、老少不定《ろうしょうふじょう》とはよう言うたもんじゃ。ほんで、誰が亡くなったんじゃ。お通夜は何時から？

おみつ　まだ誰も死んでしまへん。

住職　そうかてあんたがえらいことや言うさかいに。

おみつ　違いまんねん。助けとくなはれ。

住職　「助けてくれ」、そら無理や、人を助けるのはお医者さんじゃぁ、お医者さんがサジを投げたらわしが拾《ひ》らう、その後、心安い葬儀屋に連絡をする、こういう段取りや。

おみつ　そんな話やおまへんねん。今日、こちらのお寺でお座がありましたやろ。

住職　はいはい。あんたのお父つぁんもお母はんもお参りに来てくれはりました。

おみつ　そうですねん。お父つぁんもお母はんも、どこそこにお座があるちゅうたら、必ずお参りいかはりますねん。あんなもん何処がおもしろいんかしらんけど。

住職　これこれ、何処がおもしろいんかしらんとはどうや。

おみつ　（院住がたしなめても、気にもしない）それが、今日に限って、途中でお座が終わりましたやろ。

住職　（おみつがプリプリしても、気にせずのんびり）そうやがな。いやな、まあ、こんなことはようある事やなぁ。お座は「前席《ぜんせき》」と「後席《ごせき》」とある段取りやったんやが、前席が終わったところで説教師さんが「急にさしこみが……」ちゅうて、具合悪ならはって、帰りはったんや。ほんで、しゃあないさかいに、今晩のお座は早々におしまいになりましたんや。

おみつ　さよか、それで、早ように二人家に帰って来ましたんや。わたい、もう、ビックリしてしもて。

住職　おかしなこと言いなや、なんで親帰ってきたらビックリせなならんのや。そんなこと言うてたら、毎日毎日ビックリせなならんやないか。

おみつ　ところが思てたより早よ帰って来たもんやさかい。

　だいたいウチのお父つぁんもお母はんも、お座参り行ったら、夜遅うまで帰ってきはりませんねん。お説教が終わっても、御示談《ごじだん》ちゅうんでっか、あれ長いことやったりして。

　今日もどうせ遅うなるやろ思て、うち「まっちゃん」、ウチに呼んでましてん。

住職　表具屋でつとめてる「まっちゃん」かいな。

おみつ　へぇ。

住職　あんた、この前まで、植木屋の「清やん」と仲良かったんと違うのんかいな。

おみつ　ほっといとくなはれ。

　ほんで、「まっちゃん」と二人でしゃべってましたら、夕立ちがおましたやろ。せやさかい、雨戸閉めて、そろそろお酒でも飲もかいなぁと思てる最中に、ドンドン、ドンドン表の戸ぉ叩く音が聞こえますねん。「おみつ～、ワシや。雨戸開けてや～」お父つぁんの声ですがな。もうビックリしてしもて。

住職　そらえらいことやないか。あんたのお父つぁんと言やぁ、堅いお人やがな。若い娘が男と二人で家に居てたてなことになったら、ただではすまんで。普段はおとなしい人やけど、いったん怒り出したら、手がつけられんちゅうのは、あんたもよう知ってるやろがな。

おみつ　そうですねん。せやさかいに、えらいことになってしもうたなぁ思うて。けどわたいとまっちゃんはただしゃべってただけでっせ。けど、そんなん言うても信用してくれまへんさかいに。

　わたい、あわてて、まっちゃん押し入れへほりこみましてん。

住職　（びっくりして）そらまた、むちゃなことしたなぁ～。

おみつ　そうかて、ほかにしょうがおまへんやろ。もし見つかったら、わたいもまっちゃんもえらい目にあわされますよってに。

住職　そやな。けどなんであんたのこととなったらあないに見さかいがなくなるんやろな。この前も、なんやったかいなぁ。あんたが、大家さんに家賃払いに行っただけやのに、「お前、大家と怪しい仲とちゃうか。あの大家、ええ歳さらしやがって」ちゅうて、大家さんとこ怒鳴り込みに行ったんやろ。

おみつ　そうでんがな。（ちょっとふてくされて）しかし院住さんもしょーもないこと、よう知ったはりまんな。

とにかくまっちゃんに押し入れに入ってもろうて。ほんで、お父つぁんとお母はんが寝たら、そっと逃がそと思て。

それが院住さん、今日に限って、二人ともなかなか寝まへんねん。なんや、今日のお説教師さんのお話は真に迫ってええお話やったとか、後席がなくなって残念やったなぁちゅうて、のん気に話しこんでますんや。

もう、わたい、気が気やおまへん。まっちゃんかてナマモノだっしゃろ。

住職　ナマモノて、刺身やないねんから。

おみつ　生きてまっさかい、咳もすりゃクシャミもしまんがな、こんなことバレたらいかんと思て、「わたいちょっとお寺へ繕いモンもろて来ますわ」言うて、ここへ来たというわけですねん。

なぁ、院住さん、頼んますわ。こおいう事情でっさかい、助けとくなはれ、このとおりですわ。

住職　ちょ、ちょ、ちょっと手ぇ上げんかいな。むちゃ言うたら困るがな。どないせえ言うんやいな。そんなもん、正直に言わなしゃないのと違うか。

おみつ　もう、一旦、押し入れ隠してしもたんやさかい、今さら「まっちゃんとしゃべってましてん」とか言うても、通りまへんやろ。なんとか、ええ知恵貸しとくなはれ。

住職　ええ知恵て。だいたい、なんで押し入れにいれるんや。そこがお前さん、まちごうとるやないか。あのな、昔から言うやろ。

おみつ　昔から？　なんちゅいますねん。

住職　え？　あの、その、ほら。知らんか？　そうそう。「じかに冠《かんむり》をただ③ず」ちゅうてなぁ。
おみつ　なんでんねん、それ。
住職　じかに冠かぶったら痛いやろ、「じかに冠をただ③ず」。気いつけ、言うこっちゃ。
「お田《でん》に靴をはかず」言うてな。
おみつ　なんですねん。
住職　お田食べる時に、クツはいたらあかんちゅうこっちゃ。お田屋のおっさん、客が靴はいとったら、食い逃げされるか思て心配せなあかんやろ。
なんしか、そういうこっちゃ。ええか。わかったか。
おみつ　へぇ……。
住職　あのな、おみっちゃん、こうなったら正直に言うたほうがええと思うで。
おみつ　院住さん、うちのお父はんの気性知ってはるやろ。わてそんなことよう言わん。なあ、院住さん出来たら一緒についてきとくなはれ。
住職　ついて行ってやりたいところやけど、ワシは今から本堂の片づけをせなならん。明日は朝から法事がある。おまけにさっきのお座の高座の片づけもせんならんのや。
おみつ　そういわんと、一緒にきとくなはれ。
住職　そうもいかん。困ったな。
なんやったら、わしの代わりに袈裟《けさ》でも持って行くか？
おみつ　袈裟みたいなもん、なにに使いまんねん。
住職　まあ、なんかの役に立つじゃろ。
おみつ　（小さい声で）しかし、役に立たん坊主やなぁ。袈裟みたいなもん、持って帰ってもおさまらんがな……。
あ、そうや、ええこと思いついた。ほんなら、院住さん、袈裟貸しとくなはれ。
住職　そうか、持って行くか。まあ、お父つぁんもお母はんも袈裟の前なら、少しは腹立ちもやわらぐじゃろう。
おみつ　わたいにちょっとしたええ考えがおますねん。「繕いもん取りに行く」ちゅうて出て来ましたやろ。何なと持って帰らんことには話のつじつまがあわなんだらいけまへんさかい。いつものと違う、そこの衣桁《いこう》、衣文掛《えもんか》けにある、それ。葬式とかで使うそうそうそれを貸しとくんなはれ。

住職　七条袈裟かいな。まあ、これ、あんまり使わんから、持って行っても別条《べっちょ》ないけど……。

おみつ　ほなお借りします。

＊＊＊

おみつ　ただいま。

父　おお、おみつ、早かったな。院住さん、後片づけでもしてなはったか？

おみつ　それが、お父はん、えらいことだしたで。

父　なんや、えらいことて。

おみつ　わたいが行ったら院住さん、えろう困ってはりますねん。

父　なんで？

おみつ　わたいがお寺いったら、院住さんが「おみっちゃん、こっちこっち」言うて、本堂に連れていきますねん。ほんで、院住さんが言いはるのには、なんでも院住さん、今日はお座があるからお説教師さんがお説教してる間ゆっくりできる思て、なんと庫裏《くり》にオナゴはん呼んではりましたんや。

父　え～、そうかいな。なんと、院住さんも、まだ達者やなぁ。まあ、坊守さんが亡くなって長いこと一人身やさかいなぁ。まあ、そんなこともあるかもしれんわい。

おみつ　ところが今日はお説教師さんの具合が悪なって、急にお座が終わってしまいましたやろ。

父　おう、そうやった。口うるさい総代さんやら世話役さんが院住さんに文句を言うてたなぁ。

おみつ　院住さんも気の毒なお人や。この前も、院住さんが味噌買いに行ったら、「あんた、味噌屋の後家さんと怪しい仲とちゃうか」ちゅうて、えらい責められて。

父　だいぶ変わっとるな、あの人ら。そんなもん、誰と仲よかってもええやないか……。

おみつ　そうだす、そうだす。だいたい気にしすぎだすわ（怒）、この前まで植木屋の清やんと仲良かっても、かましまへんやろ。

父　なんのことや？

おみつ　いや、こっちの話、ほんで、急に庫裏へ総代さんら二人が入って来はったんやて。

父　ふんふん。

おみつ　院住さん、あわてて、そのオナゴはんを押し入れに隠しはったらしいわ。総代さんらが帰ったら押し入れから出そ思てたけど、その二人が帰りまへんねんて。

父　フーン。

おみつ　ほんで、院住さんが困ってはったちゅうわけですねん。

母　そら困るわなぁ。今さら、押し入れから出すわけにもいかず。院住さんもなんで押し入れなんかにいれなはったんやろ。すなおにしてはったらややこしいことにならへんのに。

おみつ　すなおにしてても、ややこしいことになる人がいてるよってに押し入れいれなあかんのやおまへんか。ほんまに腹が立つ。

父　おまえ、なんで、そんなに力入ってんねん。

おみつ　それでわてが、院住さんあんまり困ってはるさかい、ちょっと考えましてん。

院住さんとこに大きな袈裟ありまっしゃろ。

父　ああ、七条袈裟やろ。葬式とかに使う。

おみつ　あれ、出してきなはれ、言うてな。あ、ほら、ここにおんなじのんがありますわ。繕いモンで預かってきましてん。ほら、これ、こうして、な。拡げて。

父　ふんふん、ほお、大きいもんやな。

おみつ　これをこうして拡げて、「これはありがたい御袈裟でっせ～。拝みなはれや～。はいはい、ナンマンダブ、ナンマンダブ……」言うて。その二人にかぶしてやりましてん。な、こうして、頭からかぶせますねん。お父つぁんもお母はんも、ちょっと頭出してみなはれ。こんなんは実際やってみたらよおわかりますねん。そお、そお。もうちょっと二人寄って、こうして……。

この御袈裟をバッと被せますねん。こお持ってギュッと。こうして。

父　いたたたた。

おみつ　我慢しなはれ。見えまへんやろ。な。

ほんで、わたいが、この押し入れをス～ッと開けると。……。おりますねん、その人が（おみつとまっちゃんが顔を見合わせる。おみつが表情で合図を送る）。

「早よ出なはれ！」てなこと言いましてな（と、両親に説明する体で、まっちゃんに向かって言う。以下、同じ)。「忘れもん、おまへんやろな」言いましたかな。「下駄間違えなはんなや!」てなことも言いましたな。「なにグズグズしてまんねん」てなこと言いましたら……、スーッと出ていかはったさかい(まっちゃんが出ていったことを確認)。この御袈裟をパッと取ったと、こおいうわけですねん。

父 なるほど。うまいこと考えたもんやなぁ。しかし、おい、ウチのおみつは、えらい話うまいなぁ。知らなんだ。今日のお説教師さんよりお話が上手やった。

母 ほんまでんなぁ。まるでほんまに誰ぞが出ていったみたいでしたな。

参考論文・参考書籍

赤井達郎『絵解きの系譜』教育社　1989年
網野善彦『増補　無縁・公界・楽』平凡社ライブラリー　1996年
――『異形の王権』平凡社ライブラリー　1993年
荒木繁・山本吉左右編注『説経節　山椒太夫・小栗判官他』東洋文庫　1973年
安楽庵策伝・鈴木棠三校注『醒睡笑』上下　岩波文庫　1986年
五木寛之『サンカの民と被差別の世界』講談社　2005年
伊東洋二郎『説教洒落嚢』明治二十五年　愛知県名古屋市門前町　三浦兼助発行
井上順孝『本当にわかる宗教学』日本実業出版社　2011年
岩田真雄編輯兼発行「阿育王経」『国訳一切経　和漢撰述部　史伝部　第6巻』大東出版社　2004年改訂版
宇治谷孟『全現代語訳　日本書記』上下　講談社学術文庫　1988年初刷
大須賀順意著・府越義博編訳『説教の秘訣』国書刊行会　2014年
岡本綺堂『綺堂芝居ばなし』旺文社文庫　1979年
小口偉一ほか監修『宗教学辞典』東京大学出版会　1973年
折口信夫『日本藝能史六講』講談社学術文庫　1991年

柏木新『はなし家たちの戦争——禁演落語と国策落語』本の泉社　2010年
桂文我『落語「通」入門』集英社新書　2006年
川村湊『闇の摩多羅神』河出書房新社　2008年
倉野憲司校注『古事記』岩波文庫　1963年
五来重『宗教民俗集成5　芸能の起源』角川書店　1995年
——『踊り念仏』平凡社ライブラリー　1998年
坂本太郎ほか校注『日本書記㈠』岩波文庫　2016年
佐藤哲朗『大アジア思想活劇——仏教が結んだ、もうひとつの近代史』サンガ　2008年
三遊亭円朝『怪談牡丹燈籠』岩波文庫　2002年
——『真景累ヶ淵』中公クラシックス　2007年
塩見鮮一郎『中世の貧民——説経師と廻国芸人』文春新書　2012年
浄土真宗教学研究所浄土真宗聖典編纂委員会編『浄土三部経』本願寺出版社　1996年
浄土真宗教学伝道研究センター編『浄土真宗聖典——註釈版　第二版』本願寺出版社　2004年
信承『法則集』『天台宗全書』第二十巻所収　第一書房　1974年
関山和夫『説教と話芸』青蛙房　1964年
——『説教の歴史的研究』法蔵館　1973年
——「話芸の歴史」『日本の古典芸能』第九巻　平凡社　1971年
E・B・タイラー『原始文化——神話・哲学・宗教・言語・芸能・風習に関する研究』比屋根安定訳　誠信書房　1962年

棚橋一晃訳『ウパマー・シャタカ　百喩経』誠信書房　1969年
次田真幸全訳注『古事記』上中下　講談社学術文庫　1977～1984年
P・ティリッヒ『信仰の本質と動態』谷口美智雄訳　新教新書　1961年
東大落語会編『増補　落語事典』青蛙房　1994年改訂版
直林不退『名人木村徹量の継承者神田唯憲の節談』節談説教研究会　2014年
永井啓夫『新版三遊亭円朝』青蛙房　1998年
中沢新一『大阪アースダイバー』講談社　2012年
中田祝夫全訳注『日本霊異記』上中下　講談社学術文庫　1978～1980年
中ノ堂一信『中世勧進の研究――その形成と展開』法藏館　2012年
中村元ほか編『岩波仏教辞典』岩波書店　1989年
西田智教「東保流説教を語り継ぐ」『節談説教』第3号　節談説教研究会　2009年
蓮田善明『現代語訳　古事記』岩波現代文庫　2013年初刷
林雅彦・小池淳一編『唱導文化の比較研究』岩田書院　2011年
原田敏明・高橋貢訳『日本霊異記』平凡社ライブラリー　2000年
兵藤裕己『〈声〉の国民国家』講談社学術文庫　2009年
V・E・フランクル『夜と霧』池田香代子訳　みすず書房　2002年
別役実『馬に乗った丹下左膳』リブロポート　1986年
キース・J・ホリオーク／ポール・サガード『アナロジーの力――認知科学の新しい探究』鈴木宏昭ほか訳　新曜社　1998年

松尾恒一『延年の芸能史的研究』岩田書院　１９９７年
松尾聡・永井和子校注・訳『新編日本古典文学全集⒅　枕草子』小学館　１９９７年
松岡心平『中世芸能講義』講談社学術文庫　２０１５年
水川隆夫『増補　漱石と落語』平凡社ライブラリー　２０００年
水野正好「芸能の発生」『呪禱と芸能』学生社　１９８０年
スティーヴン・ミズン『歌うネアンデルタール――音楽と言語から見るヒトの進化』熊谷淳子訳　早川書房　２００６年
蓑輪顕量『日本仏教の教理形成――法会における唱導と論義の研究』大蔵出版　２００９年
宮尾與男訳注『きのふはけふの物語　全訳注』講談社学術文庫　２０１６年
武藤禎夫校注『元禄期軽口本集　近世笑話集㊤』岩波文庫　１９８７年
室木弥太郎校注『新潮日本古典集成　説経集』新潮社　１９７７年
横道萬里雄・片岡義道監修『声明辞典』法藏館　２０１２年新装版
渡邊綱也校注『日本古典文学大系　沙石集』岩波書店　１９６６年

釈　徹宗（しゃく・てっしゅう）
1961年生まれ。宗教学者・浄土真宗本願寺派如来寺住職、相愛大学人文学部教授、特定非営利活動法人リライフ代表。専攻は宗教思想・人間学。大阪府立大学大学院人間文化研究科比較文化専攻博士課程修了。その後、如来寺住職の傍ら、兵庫大学生涯福祉学部教授を経て、現職。『おてらくご』『法然親鸞一遍』『親鸞の教えと歎異抄』『ブッダの伝道者たち』『落語でブッダ』『死では終わらない物語について書こうと思う』『仏教シネマ』（秋田光彦との共著）『聖地巡礼』（内田樹との共著）『70歳!』（五木寛之と共著）『お世話され上手』等、著書多数。本作『落語に花咲く仏教　宗教と芸能は共振する』で第５回河合隼雄学芸賞受賞。

朝日選書 954

落語に花咲く仏教
宗教と芸能は共振する

2017年２月25日　第１刷発行
2019年１月30日　第３刷発行

著者　釈　徹宗

発行者　須田　剛

発行所　朝日新聞出版
〒104-8011　東京都中央区築地5-3-2
電話　03-5541-8832（編集）
　　　03-5540-7793（販売）

印刷所　大日本印刷株式会社

Published in Japan by Asahi Shimbun Publications Inc.
ISBN978-4-02-263054-4
定価はカバーに表示してあります。

落丁・乱丁の場合は弊社業務部（電話03-5540-7800）へご連絡ください。
送料弊社負担にてお取り替えいたします。

日ソ国交回復秘録
北方領土交渉の真実
松本俊一著／佐藤優解説
交渉の最前線にいた全権が明かす知られざる舞台裏

21世紀の中国 軍事外交篇
軍事大国化する中国の現状と戦略
茅原郁生／美根慶樹
中国はなぜ軍備を拡張するのか？ 何を目指すのか？

足軽の誕生
室町時代の光と影
早島大祐
下剋上の時代が生み出したアウトローたち

21世紀の中国 政治・社会篇
共産党独裁を揺るがす格差と矛盾の構造
毛里和子／加藤千洋／美根慶樹
党内対立・腐敗、ネット世論や市民デモなど諸問題を解説

asahi sensho

近代技術の日本的展開
蘭癖大名から豊田喜一郎まで
中岡哲郎
なぜ敗戦の焼け跡から急速に高度成長を開始したのか？

21世紀の中国 経済篇
国家資本主義の光と影
加藤弘之／渡邉真理子／大橋英夫
「中国モデル」は資本主義の新たなモデルとなるのか？

電力の社会史
何が東京電力を生んだのか
竹内敬二
電力業界と官僚の関係、欧米の事例から今後を考える

人口減少社会という希望
コミュニティ経済の生成と地球倫理
広井良典
人口減少問題は悲観すべき事態ではなく希望ある転換点

教養として読む現代文学
石原千秋
太宰治から三田誠広まで、新たな発見に満ちた読み解き

世界遺産で巡るフランス歴史の旅
松本慎二
文化遺産が持つ歴史、エピソードをカラー写真と共に紹介

あなたはボノボ、それともチンパンジー？
類人猿に学ぶ融和の処方箋
古市剛史
片や平和的、片や攻撃的な類人猿に見るヒトの起源と未来

巨大地震の科学と防災
金森博雄　構成・瀬川茂子／林　能成
世界中の地震波形を解析してきた「地震職人」初の入門書

asahi sensho

日中をひらいた男　高碕達之助
牧村健一郎
周恩来ら世界のトップと互角に渡り合った経済人の生涯

西洋の書物工房
ロゼッタ・ストーンからモロッコ革の本まで
貴田　庄
書物の起源と変遷を、美しい革装本の写真と共に紹介

根来寺《ねごろでら》を解く
密教文化伝承の実像
中川委紀子
僧兵が跋扈した巨大寺院？　九〇〇年に及ぶ学山の実態

『枕草子』の歴史学
春は曙の謎を解く
五味文彦
なぜ「春は曙」で始まる？　新たに見える古典の意外な事実

ルポ　生殖ビジネス
世界で「出産」はどう商品化されているか
日比野由利
代理母先進地でインタビューして描いた現代出産事情

中国グローバル化の深層
「未完の大国」が世界を変える
デイビッド・シャンボー著／加藤祐子訳
外交、経済、軍事、文化、安全保障……と多角的に検証

古代文明アンデスと西アジア　神殿と権力の生成
関　雄二編
権力はどう誕生したか。経済中心の史観を問い直す

戦火のサラエボ100年史
「民族浄化」もう一つの真実
梅原季哉
聞きとりで迫るユーゴ紛争の裏側。歴史の相克を描く

asahi sensho

鉄道への夢が日本人を作った
資本主義・民主主義・ナショナリズム
張彧暋著／山岡由美訳
なぜ「鉄道は役に立つ」と無条件に信じられたのか

幼さという戦略
「かわいい」と成熟の物語作法
阿部公彦
権力に抗する「力の足りなさ」「弱さ」に注目する気鋭の文芸評論

超高齢社会の法律、何が問題なのか
樋口範雄
高齢者法の第一人者が、東大での講義を元に問題点を考える

海洋大異変
日本の魚食文化に迫る危機
山本智之
サケ、マグロ、アサリ、ウニなどに迫る新たな危機とは